AU ROYAUME DE VOTRE ÂME

Chez le même éditeur :

Kim O'Neil : *Comment Communiquer avec vos Anges Gardiens*
Nicolas Almand : *L'Alchimie du Cristal*
Nicolas Almand : *Conscience Divine*
Nicolas Almand : *L'Ascension vers la Lumière*
Eric Dac : *Vérité*
Eric Dac : *Contact Divin*
Eric Dac : *Frères de Lumière*
Pierre Manoury : *En direct avec les Archanges*
Melita Denning & Osborne Phillips : *L'Autodéfense Psychique*
Rudolph Breuss : *La Cure Breuss*
Prof. Peter Yoda : *Confession d'un médecin révolté*
Ted Andrews : *La Guérison par les Couleurs*
Henri Devère : *La Guérison au Secret*
Pr. Gary E. Schwartz : *Extraordinaires Contacts avec l'Au-delà*
Karine Chataignier : *Ecco Homo*
Pierre Manoury : *Les Egrégores du Bonheur*
Stuart Wilson & Joanna Prentis : *Les Enfants de la Lumière*
Karine Chataignier : *Le Nouveau Livre des Esprits*
Immaculée Ilibagiza : *Le Rosaire*
Katharina Ceming & Jürgen Werlitz : *Les Evangiles interdits*
André Hauterive : *Le Merveilleux Pouvoir des Icônes*
Frère Anselme : *La Magie des Neuvaines*
Georges Osorio : *Dans la Lumière de l'Eternité*

Pour tous renseignements concernant ces ouvrages,
vous pouvez nous écrire à :

EDITIONS LABUSSIÈRE
23 Place de l'Hôtel de Ville - B.P. 85
71700 TOURNUS
Tél : 03.85.27.03.80. - Fax : 03.85.27.03.81.

editions.labussiere@worldonline.fr
www.editions-labussiere.fr

Philippe HELIAN

AU ROYAUME DE VOTRE ÂME

✧

Les femmes et les hommes ont atteint un niveau qui leur permet de comprendre les textes de ce livre et de les mettre en pratique.

Editions LABUSSIERE
B.P. 85 – 71700 Tournus

AVERTISSEMENT de L'EDITEUR

Les pratiques, les techniques, les conseils décrits dans ce livre
ne doivent en aucun cas être utilisés
en remplacement de traitements médicaux.
Ce livre n'essaye aucunement de porter un quelconque diagnostic,
de recommander un traitement, d'établir une prescription
en vue de traiter des maladies, des douleurs, des blessures,
ou un problème de condition physique.
Cet ouvrage est édité dans un but d'information.
Il exprime une philosophie de la vie.
Seul votre médecin traitant est habilité à prescrire un traitement médical.
L'auteur et l'éditeur ne sont donc responsables en aucune manière
d'une utilisation inconsidérée de cet ouvrage.

N° ISBN 978-2-84988-160-6

À PROPOS DE L'AUTEUR

Philippe Hélian est issu d'une famille de musiciens (*).

Il est admis au Conservatoire National Supérieur de Musique de Danse de Paris et obtient de nombreuses récompenses (Piano, Harmonie, contrepoint, fugue...).
Il exerce ensuite de nombreuses activités dans le domaine musical : Compositions, musique de films, arrangements professionnels et spectacles se succèdent.

Vers le début des années 1990, il s'intéresse à la spiritualité. Il pratique avec succès les exorcismes sur les personnes et sur les animaux, les bénédictions de maisons... Ce qui l'encourage à poursuivre dans cette direction.

CABALE POSITIVE (chrétienne)

Puis il découvre la Cabale, la connaissance et les actions étonnantes, positives, réalisées par la prière... Sur les personnes, les animaux, les habitations et même sur la nature (commander les éléments).

(*) ▶ Georges Der Mikaélian, son père, directeur artistique
▶ Marcelle Legrand, sa tante (sœur de son père), Fondatrice des éditions COMUFRA
▶ Michel Legrand, son cousin germain, célèbre compositeur (fils de Marcelle Legrand)
▶ Christiane Legrand, sa cousine germaine (sœur de Michel Legrand), chanteuse de jazz
▶ Jacques Hélian, son oncle, de son vrai nom, Jacques Mikaël Der Mikaélian, chef d'orchestre
▶ Raymond Legrand, mari de Marcelle Legrand, chef d'orchestre également.

Les mêmes actions répétées à plusieurs reprises produisant toujours les mêmes effets, la notion de hasard est exclue définitivement par l'auteur. **Les multiples résultats concrets obtenus prouvent l'efficacité bénéfique incontestable de la Cabale positive.**

Ce livre traite également de la réalité des **vies successives (attestées dans la Bible... par Jésus Lui-même)**, de la **Loi du Karma** et de la **Loi du Talion**, entre autres, qui expliquent d'une manière lumineuse toutes les apparentes injustices dans le Monde.

De nombreux thèmes sont traités avec l'explication du mystère qui entoure chacun de ces thèmes.

Il n'est pas question, ici, de faire du sensationnel, mais de rétablir LA seule et unique Vérité. Celle de Dieu.

C'est l'accès à la **CONNAISSANCE**, à la **VÉRITÉ** qui est la grande aventure humaine de ce troisième millénaire !

Connaissance et Vérité que les Hommes de pouvoir tentent d'étouffer par tous les moyens dans notre monde inversé.... Ce qui prouve leur importance !

Après plus de 23 années de pratique de la Cabale, l'auteur décide de communiquer le fruit de son expérience en écrivant le présent ouvrage.

INTRODUCTION

Depuis de nombreuses années l'auteur a appris, par livres et par les messages des Anges, l'occultisme et plus particulièrement la Cabale.
Il a voulu rédiger un livre qui donne une vue d'ensemble de l'occultisme.

Les exemples donnés ne se réfèrent à aucune affaire passée ou présente.

Il ne s'agit pas de Dogmes, mais seulement de généralités permettant de mieux comprendre les mécanismes très complexes qui interagissent entre les 4 plans :

- ***Mental*** *(Pensée)*
- ***Astral*** *(Sentiments)*
- ***Éthérique*** *(Vital)*
- ***Physique*** *(Terrestre)*

CABALE

Ce mot a acquis une sinistre résonance à cause de l'expression populaire : « Être victime d'une Cabale. »
Ce qui signifie que l'on est victime de malveillance de la part d'un groupe de personnes.

Cette expression fait référence à la Cabale négative : La Magie Noire.
La Cabale négative existe et c'est de là que provient cette expression.
La Cabale traitée dans le présent ouvrage est la Cabale chrétienne qui respecte les préceptes de l'Éternel (Dieu) et de Jésus, notre Maître à tous.

Le mot « Cabale » signifie transmission orale.

Elle n'est pas une religion. Elle les englobe toutes.

Pour expliquer cette différence, on peut imaginer une maison en forme de polygone régulier (qui peut être inclus dans un cercle) avec, à un niveau, une pièce pour chaque religion. Chaque pièce est équipée d'une fenêtre plus ou moins grande qui ne permet de voir qu'une partie du paysage extérieur.

À un autre niveau, une grande pièce circulaire (représentant la Cabale) avec des parois entièrement vitrées permet d'admirer la TOTALITE du paysage sur 360°.

Cet exemple permet de comprendre la différence entre une religion et la Cabale.

Une religion n'enseigne qu'une partie **de la Vérité**.

La Cabale enseigne TOUTE la Vérité.

Chaque religion est une sorte de Mode d'Emploi Divin (transmis par l'intermédiaire de prophètes) prodiguant de sages recommandations destinées à l'Homme pour lui permettre de réussir son existence.

Les différentes religions sont un peu semblables à des classes d'une école dans laquelle l'être humain assimile sur une période plus ou moins longue des connaissances de plus en plus complexes.

Un Plan Universel a été conçu par Dieu en vue de nous enseigner progressivement la Vérité. Cet enseignement est adapté au niveau d'évolution des âmes et par conséquent à la capacité de compréhension de ceux qui le reçoivent.

Il n'y a, dans cette explication, ni notion de supériorité pour les cabalistes ni d'infériorité pour les autres religions. À chaque niveau d'évolution correspond une religion (ou la Cabale).

De la même manière, à l'école, chaque élève reçoit un enseignement qui correspond à son âge et à son degré de compréhension. Par exemple, nous ne dévalorisons pas un élève de 6ème par rapport à un élève qui étudie dans une université puisque chacun se trouve dans la classe qui lui correspond.

Il en est de même en ce qui concerne les religions et la Cabale. C'est par les situations positives et négatives vécues que chaque être humain, un jour ou l'autre, comprendra la Divine Sagesse contenue dans les Saintes Écritures.

Ces connaissances sont à l'image de **la Pyramide**

Le sommet, très étroit, représente les Lois de Dieu.
Courtes. Simples. Justes. Lumineuses.
(Les dix commandements de Dieu. Les deux commandements de Jésus).
La base, très large, représente l'immensité des Lois Humaines (au niveau mondial).
Nombreuses. Complexes. Souvent obscures, contradictoires et injustes.

La Cabale explique tout ce que l'Homme est capable de comprendre en fonction de son évolution actuelle.

« Demandez et l'on vous donnera, cherchez et vous trouverez, frappez et l'on vous ouvrira »
(Matthieu, Chapitre 7, verset 7 – Luc, Chapitre 11, verset 9)

Autrefois, la Cabale était réservée à une élite.

Les rituels pour entrer en contact avec les Messagers de Dieu (Les Anges) comportaient parfois des erreurs volontaires. Ceci dans le but de s'assurer que seul un Maître (doté d'une âme suffisamment évoluée) pourrait réaliser l'intégralité du rituel.

Toutes ces précautions étaient nécessaires car les messagers de Dieu émettent des vibrations tellement élevées (rapides) qu'elles pourraient détruire la personne qui cherche à entrer en contact avec eux. Bien évidemment, les Anges n'ont pas le droit (ni l'envie) de détruire. Ils sont là, au contraire, pour nous instruire et nous protéger. Ils nous aiment intensément et ne souhaitent que notre bien.

****

Nous traversons actuellement une période de grands bouleversements, semblables aux douleurs d'une femme sur le point d'accoucher.
Un Nouveau Monde veut naître, mais les Hommes qui sont au service des Forces du Mal, qui oppriment les peuples et s'enrichissent à leur détriment, s'y opposent avec une volonté farouche et par tous les moyens.

Ils utilisent et organisent de plus en plus la menace, la violence et la peur.

Le Monde est actuellement en pleine guerre occulte.
Des Forces extrêmement puissantes s'affrontent (le Bien contre le Mal). Nous en constatons les effets visibles :

Guerres, attentats, accidents impliquant de nombreuses victimes, drogue, suicides, meurtres isolés et tueurs en série, phénomènes d'attaques en groupes, viols, maladies redoutables et évolutives donc difficiles à soigner, épidémies, catastrophes naturelles (inondations, cyclones, tsunamis, tremblements de terre…). La liste est longue…

Il n'est pas question ici de faire du catastrophisme pour tenter de convaincre le lecteur et le conditionner pour qu'il effectue certaines actions, comme le font les sectes. Mais il faut toutefois se rendre à l'évidence. Notre époque vit des bouleversements intenses et très violents, à tous les niveaux.

Comment réagir face à cette situation ?

Tout d'abord COMPRENDRE LES CAUSES qui sont expliquées dans ce livre (et dans les « OUVRAGES CONSEILLES ») puis **AGIR** sur les **BONS PLANS**.

Des actions modérées au niveau humain et efficientes au NIVEAU SPIRITUEL.

<u>Car c'est là que se situe le véritable combat</u>.

Une fois que c'est joué « là-haut », les dés sont jetés.
Les actions terrestres seules (protestations, grèves, etc.) sont inutiles et perdues d'avance. Les mauvais le savent bien.

Explication par l'exemple :

Si vous voyez au rez-de-chaussée de votre domicile une flaque d'eau qui provient d'un évier qui déborde au premier étage, vous savez qu'il ne sert à rien d'éponger l'eau avec une serpillière. Vous fermez d'abord le robinet au premier étage.

Il faut donc combattre en premier lieu EN HAUT (fermer le robinet) pour que les choses ici-bas changent (éponger l'eau).

L'ARME ABSOLUE EST LA PRIÈRE.

Il ne s'agit pas des prières tièdes et molles qui ne font qu'effleurer l'âme, mais des PRIÈRES PUISSANTES de la CABALE CHRÉTIENNE et des ORDRES DONNÉS AUX ANGES qui nous aiment et ne désirent que notre bonheur.

Ils nous apprennent le POURQUOI, le COMMENT et le QUAND.

Au fur et à mesure que l'on prie les Anges, on comprend progressivement comment procéder en accord avec les Lois de Dieu et pour le bonheur des Humains.

VOUS CONSTATEREZ PAR VOUS-MÊME L'EXTRAORDINAIRE EFFICACITÉ POSITIVE DE CES PRIÈRES SUR VOUS ET SUR VOTRE ENTOURAGE...

Philippe HELIAN

LE SENS DE LA VIE

Beaucoup d'Humains se posent des questions :
« Quel est le sens de la vie... et de MA vie ? Quelle est ma place, mon utilité ? Pourquoi tant d'injustice dans le monde ? Où est Dieu dans tout cela ? Pourquoi autorise-t-il toutes ces inégalités, toutes ces atrocités ? ».

Prenons de l'altitude et observons la vie de tous ces humains qui s'agitent en tous sens. Imaginons que nous filmons une fourmilière pendant de longues journées pour visionner ensuite le film en super accéléré. Vu de cette manière, la vie d'un être humain peut paraître dérisoire, risible ou profondément injuste en raison des inégalités flagrantes qui existent en ce bas Monde :

- **Naissance** (dans des lieux très différents ne permettant pas à chacun d'avoir les mêmes chances et les mêmes espoirs en l'avenir)
- **Enfance** avec éducation parentale et scolaire (avec ces mêmes inégalités entre tous les êtres humains)
- **Adolescence** pendant laquelle la personnalité se construit et où un avenir se profile à l'horizon, toujours avec cette même disparité.
- **Âge adulte** avec développement et affirmation de la personnalité. Résultat de l'environnement favorable ou défavorable
- **Construction** de la vie familiale, patrimoniale et professionnelle avec plus ou moins de réussite
- **Sénior** (Troisième âge) transformé plus ou moins en spectateur du relais assuré par les enfants et petits-enfants qui vont reproduire le même schéma
- **Décès**

À noter également les êtres humains qui meurent à l'état de fœtus, à la naissance, en bas âge, à la guerre, dans des accidents, etc...

On est en droit de se demander où est la JUSTICE de Dieu dans tout cela ?

Des explications existent. Ce sont celles fournies par le Créateur (Dieu) dans son « Guide de l'utilisateur » : Les textes sacrés transmis par ses prophètes.

Le fabricant d'un objet dont nous avons fait l'acquisition à l'obligation de nous fournir un manuel d'utilisation et de précautions à prendre. Il ne fait qu'imiter, en cela, ce que le Créateur a réalisé avec les textes sacrés qui énumèrent conseils, mises en garde et faits démontrant les causes et les conséquences des actes positifs et négatifs des humains.

Beaucoup de croyants lisent la Bible sans en saisir le sens profond, caché, occulte. Jésus a dit que Dieu cherche des adorateurs EN ESPRIT **(Évangile selon Saint-Jean, Chapitre 4, versets 23-24)**. Or, pour être un adorateur en Esprit, il faut COMPRENDRE les messages que Dieu a transmis aux hommes grâce à ses prophètes.

Il ne s'agit pas ici d'INTERPRÉTER la Bible pour lui donner un sens fallacieux (ce qui serait gravissime), mais au contraire de restituer la Vérité qui, au fur et à mesure des siècles, a été cachée volontairement par différentes religions.

Dans quel but ? C'est évident. **Pour que les hommes puissent se substituer à Dieu.**

Un problème se pose ? Certains humains courent demander secours à un homme important (Roi, Président, dictateur, personnage haut placé, etc.)

Obtiendront-ils satisfaction pour autant ? Pas sûr, pas sûr… Et si oui, il y a souvent une contrepartie. Rien n'est gratuit en ce bas monde.

En temps normal, les grands de ce monde parviennent à se faire élire ou à accéder à un poste important en dupant les peuples par des promesses trompeuses et en leur faisant miroiter une félicité future dont la date est sans cesse différée.

Mais lorsque ce sont les éléments qui se déchaînent, les grands de ce monde ne peuvent que discourir, compter les victimes et avouer leur impuissance.

Par contre avec Dieu et ses messagers (Archanges et Anges), rien n'est impossible. Même, et surtout dans les situations les plus désespérées.

Ce livre répond à de nombreuses questions qui interpellent et troublent un nombre croissant de croyants. Ces réponses vous rassureront, conforteront votre Foi et apaiseront votre âme qui les reconnaîtra car elles sont gravées en chacun de nous.

CHAPITRE 1

LES INCARNATIONS SUCCESSIVES

LA PREUVE EST DANS LA BIBLE

Guérison d'un aveugle-né
(Évangile selon Saint-Jean, Chapitre 9, versets 1-3)

> *« Jésus vit, en passant, un homme aveugle de naissance. Ses disciples lui demandèrent :*
>
> *Rabbi, qui a pêché,* ***lui*** *ou ses parents, pour qu'il soit né aveugle ?*
> *Jésus répondit :*
> *Ce n'est pas que* ***lui*** *ou ses parents aient pêché ; mais c'est afin que les œuvres de Dieu soient manifestées en lui. »*

La preuve des incarnations successives est contenue, dans un premier temps, dans la question des disciples :

> *« Est-ce* ***lui*** *qui a pêché pour qu'il soit né aveugle ? »*

Question : Quand a-t-il eu la possibilité de pêcher puisqu'il est **né** aveugle ?
Réponse : Dans une vie précédente. Seule explication possible.

Nous savons combien Jésus était attentif à la bonne compréhension de son message par ses apôtres, chargés de transcrire tous ses actes et ses paroles.

Si la question posée par ses disciples avait été erronée, si les vies successives n'étaient que pure invention, il est certain que Jésus n'aurait pas manqué de le faire remarquer.

Or, par sa réponse, non seulement Jésus ne rectifie pas la question mais il la confirme en la prononçant de nouveau. Elle prend alors toute sa dimension :

*« Ce n'est pas que **lui** ou ses parents aient pêché... »*

Jésus, Lui-même, affirme la réalité des vies successives.

Le chiffre 4

Le Nom Sacré de Dieu, Yahvé, est formé de 4 lettres hébraïques : Yod, Hé, Vav, Hé.

Son Nom a été traduit par *« Je suis »* ou *« Celui qui est »* qui implique une idée d'immobilisme. Ce qui est contraire au processus de l'univers qui est en perpétuelle évolution. La traduction exacte est : *« Je serais ce que je serais ».*

L'univers entier évolue. L'Éternel aussi.

Ces quatre lettres représentent les quatre phases que nous trouvons en toutes choses :

- Les quatre saisons (Printemps, été, automne, hiver)
- La vie humaine (Enfance, adolescence, vie adulte, vieillesse),
- tout projet (premiers pas, développement, apogée, fin du projet).

À noter également que chacune de ces phases peut être elle-même divisée en 4 parties égales. Par exemple, pour un projet :

- Élaboration par la pensée
- Ajout de sentiments pour rendre le projet plus humain
- Énergie pour réunir tous les éléments nécessaires à la création du projet
- Concrétisation, réalisation du projet

De la même façon, ce livre traite de quatre éléments qui nous concernent directement :

- **L'Évolution : Les 4 étapes de chaque âme** (page 19) X
- **L'évolution des 4 corps** (page 24) X
- **Les 4 Mondes** (page 26)

L'Évolution : Les 4 étapes de chaque âme

Une multitude d'âmes ont été créées par Dieu.
Ces âmes s'incarnent sur Terre pour accumuler les Connaissances nécessaires à leur évolution. Elles doivent vivre des Expériences sous 4 formes différentes :

• **FORME MINÉRALE**
Initialisation de l'Esprit de Groupe. Premiers contacts avec la Nature. Les âmes n'ont pas conscience de ce qu'elles sont mais elles ont l'intuition qu'elles sont semblables (comme deux bébés qui se sourient). Elles souhaitent simplement être ensemble car elles sont naturellement attirées les unes vers les autres. Leur évolution est très lente.

• **FORME VÉGÉTALE**
L'Esprit de Groupe domine toujours. Toutefois certains végétaux, tout en vivant en communauté, font preuve d'une très relative indépendance (fleurs, arbres...). Ils deviennent sensibles à certains éléments de la Nature (le vent, la chaleur, le froid, les rayons du soleil, la notion de jour et de nuit, les influences lunaires...)

• FORME ANIMALE

En communauté : L'âme apprend à **commander** un groupe et à **obéir** au chef.

De multiples expériences lui sont offertes en fonction de ses possibilités du moment. Sous le régime du **Matriarcat** (les femelles commandent) et/ou du **Patriarcat** (les mâles commandent). En tant que **chef** respecté (apprendre à se battre pour accéder au commandement) ou au contraire **soumis au chef** (apprendre à obéir). **Stratégie de groupe** pour attraper une proie ou pour se défendre des prédateurs (solidarité qui renforce l'esprit de groupe), **notion de partage** avec respect de la hiérarchie au sein du groupe (les chefs se servent les premiers…), etc.

En solitaire : Apprendre à chasser seul (tactique différente et plus élaborée que celle d'un groupe qui parvient à vaincre par le nombre), fonder une famille, la nourrir et la protéger seul. La responsabilité est plus grande et la mission plus difficile…

Avec l'homme : Peu à peu, l'animal acquiert des vertus en se débarrassant de son agressivité ; ce qui permet aux pionniers du monde animal de vivre en contact avec l'homme. Le plus avancé étant **le chien** (voir « LES ANIMAUX » page 98)

À ce propos, l'homme se doit **d'éduquer** (et non pas dresser) son chien pour le rendre sociable et apte à la vie en communauté avec les êtres humains. Il doit le protéger et lui donner beaucoup d'Amour. Il ne doit pas l'inciter à un retour en arrière par un dressage brutal visant à favoriser ses bas instincts. L'Amour de l'Homme pour son chien attirera la réciprocité et éloignera toute forme d'agressivité aussi préjudiciable pour l'Homme que pour son chien.

Un reportage télévisé montrait un chien qui obéissait d'une manière remarquable à un petit garçon âgé seulement d'une dizaine d'années.
Le journaliste : « Comment dresses-tu ton chien pour qu'il t'obéisse aussi bien ? »
Le petit garçon : « À l'Amour. »

Magnifique exemple à suivre !

• **FORME HUMAINE**

En communauté : le principe est le même que sous sa forme animale. Lors de ses premières incarnations humaines, l'âme est craintive. Elle se trouve dans un univers tout à fait nouveau pour elle. Elle est dotée de la parole et de l'intelligence mais, de par son inexpérience, elle est un peu perdue. Elle recherche donc l'aide d'autres âmes de son niveau pour échanger des informations, des idées, élaborer des projets en commun.

Il se forme alors des groupes (voir ce chapitre page 141) de différentes importances : cela va du petit groupe de quartier jusqu'à la dimension d'un Nation entière.

Il est facile de constater que certains peuples vivent essentiellement en communauté. Les réunions sont fréquentes, l'esprit de famille est vital.

C'est également le monde de l'enfant-Roi, de la famille avant tout et de ses dérives.

Car, lorsque l'esprit de groupe est prépondérant, il conduit à privilégier et à protéger les membres du groupe envers et contre tout. Même contre la Loi. Par exemple, un policier peut difficilement demander à une mère de lui indiquer l'endroit où se trouve son fils pour l'arrêter, car il sait qu'elle mentira pour le protéger. C'est « humain. »

Et c'est là un point crucial du CHOIX. **Choisir entre Dieu et les hommes**. Où est **l'Esprit de Justice** si nous protégeons une personne lorsqu'elle a commis un délit ou un crime sous prétexte qu'elle est de notre famille, un proche, un ami ? C'est ce choix parfois douloureux que chacun doit faire un jour ou l'autre pour être Juste.

C'est ce choix que Dieu a demandé à Abraham.
(Genèse, Chapitre 22, versets 1-12)

En résumé : *« Abraham, alors âgé de 100 ans (21 :5) voulait un fils. Dieu intervint en faveur de Sara qui devint enceinte et donna un fils (Isaac) à Abraham (21 :2). Puis* ***Dieu mit Abraham à l'épreuve*** *(22 :1). Il lui demanda de prendre son fils unique Isaac et de l'offrir en holocauste sur l'une des montagnes qu'il lui indiquera (22 :2). Arrivés en haut de la montagne, Abraham ligota son fils Isaac et le mit sur l'autel, par-dessus le bois (22 :9). « Puis Abraham étendit la main et prit le couteau pour égorger son fils. Alors l'Ange de l'Éternel* *l'appela du ciel et dit : Abraham ! Abraham ! Il répondit : Me voici ! L'Ange dit : N'étends pas ta main sur le jeune homme et ne lui fais rien ; car j'ai reconnu maintenant que tu crains Dieu et que tu ne m'as pas refusé ton fils, ton unique. » (22 :10-12).*

Évidemment tout cela est symbolique et de nos jours il n'est nullement question de tuer physiquement un proche. Mais ce passage biblique nous livre un message important sur lequel nous devons méditer :

En qui mettons-nous notre confiance ?
En Dieu ou dans les hommes ?
Sommes-nous justes ?
Sommes-nous aussi objectifs pour un proche que pour un étranger ?

****

Au début de la Création, le premier groupe d'âmes (forme minérale) évoluait très lentement. Lorsqu'il fut suffisamment avancé pour passer à l'étape suivante (forme Végétale), Dieu créa un second groupe qui prit la place du premier.

Puis Dieu créa un troisième groupe lorsque les deux premiers furent sur le point de passer à l'étape suivante : Animale pour le premier groupe. Végétale pour le second.

Enfin, un quatrième et dernier groupe fut créé lorsque les trois premiers passèrent à l'étape suivante :

1. Le groupe créé en premier s'incarna sous forme Humaine
2. Le second sous forme Animale
3. Le troisième sous forme Végétale
4. Le quatrième sous forme Minérale

Ce sont les quatre formes de vie actuellement présentes sur terre.

Dans des temps futurs, lorsque l'Homme aura atteint le maximum de Connaissances possible sous cette forme, il fera partie du Monde des Anges qui eux-mêmes deviendront des Archanges, etc.... Et toutes les formes de vies visibles et invisibles monteront d'un cran. Ce qui signifie que l'Univers entier (les Planètes et toutes les formes

de vies existantes) évolue en permanence. Que tout est perfectible.
Dieu Lui-Même est en perpétuelle évolution.
Cette évolution n'aura jamais de fin. Elle est éternelle, infinie.
Cette notion d'éternité est difficile à concevoir pour le cerveau humain qui est né dans un monde où presque tout a des limites (sauf les nombres, par exemple).

Dieu est **ESPRIT**, il est éternel. (Le Père, le Créateur s'appelle l'Éternel)

Les âmes (**ESPRITS**) qu'il a créées sont éternelles également.

Et puisque **TOUT EST ESPRIT**, la totalité de l'univers visible et invisible est éternel et évoluera inéluctablement avec toutes les transformations nécessaires.

À l'image de ce qui se produit à notre petite échelle : Sur Terre.

Des enveloppes (apparence, corps) minérales, végétales, animales et humaines vont disparaître pour laisser la place à des formes plus évoluées. Comme ont disparus les hommes préhistoriques et les dinosaures. Tout se transforme. Tout se modifie progressivement, constamment, naturellement. Peu à peu, certaines enveloppes seront délaissées car elles ne seront plus adaptées à l'évolution globale de l'univers.

Nous procédons de la même manière lorsque nous jetons de vieux habits usés avant de nous en acheter de nouveaux. Plus beaux. Plus fonctionnels. Plus adaptés à l'époque et à nos activités du moment...

Donc, en finalité, toute cette évolution est très positive.

L'Évolution des 4 corps

• **LES MINÉRAUX**

Ils disposent du corps suivant :
Le corps Physique qui constitue **la forme** de l'enveloppe

• **LES VÉGÉTAUX**

Ils disposent des corps suivants :
Le corps Éthérique qui transmet **l'énergie** à l'enveloppe terrestre
Le corps Physique qui constitue **la forme** de l'enveloppe

• **LES ANIMAUX**

Ils disposent des corps suivants :
Le corps astral qui correspond aux **sentiments**
Le corps Éthérique qui transmet **l'énergie** à l'enveloppe terrestre
Le corps Physique qui constitue **la forme** de l'enveloppe

• **LES HUMAINS**

Ils disposent des corps suivants :
Le corps mental qui correspond aux **pensées**
Le corps astral qui correspond aux **sentiments**
Le corps Éthérique qui transmet **l'énergie** à l'enveloppe terrestre
Le corps Physique qui constitue **la forme** de l'enveloppe

Le but, pour l'Homme, est de parvenir à « aligner » ses 4 corps. C'est l'harmonie parfaite entre la pensée, les sentiments et les actes. L'élimination de toute forme d'hypocrisie, de fausseté et de mensonge.

Si l'Homme dit ce qu'il pense et fait ce qu'il dit, il est à l'image de Dieu et devient un Dieu lui-même.

(Évangile selon Saint-Jean, Chapitre 10, versets 33-35)
« Les juifs lui répondirent (à Jésus) : Ce n'est pas pour une œuvre bonne que nous te lapidons, mais pour un blasphème, et parce que toi, qui es un homme, tu te fais Dieu.
Jésus leur répondit: N'est-il pas écrit dans votre loi: J'ai dit: Vous êtes des dieux ? » (*)

(*) *(Psaume 82, verset 6)*

« Si elle a appelé dieux ceux à qui la parole de Dieu a été adressée – et l'Écriture ne peut être abolie – à celui que le Père a sanctifié et envoyé dans le monde, vous dites : Tu blasphèmes ! Parce que j'ai dit : Je suis le Fils de Dieu ! »

« J'avais dit : Vous êtes des dieux, vous êtes tous des fils du Très-Haut. »

(Évangile selon Saint-Jean, Chapitre 4, versets 23-24)

« Mais l'heure vient – et c'est maintenant – où les vrais adorateurs adoreront le Père en esprit et en vérité ; car ce sont de tels adorateurs que le Père recherche. Dieu est esprit, et il faut que ceux qui l'adorent, l'adorent en esprit et en vérité. »

C'est pour adorer Dieu en Esprit et ne pas se prosterner devant d'autres (faux) dieux qu'il est interdit de faire des statues et de se prosterner devant elles.
Voir (Exode, chapitre 20, versets 3-6) (Deutéronome, Chapitre 5, versets 7-10)

Dieu vomit les tièdes et les hypocrites. Ceux qui, dans les temples de toutes les religions connaissent bien les textes sacrés, les prières et les chants religieux par cœur et qui les enfreignent délibérément. Ceux qui font des offrandes devant l'assemblée, parfois avec force de publicité en utilisant les médias. Ceux qui donnent l'apparence (voir page 37) d'une grande dévotion pour ensuite s'empresser de faire le mal dans le secret. Ils préfèrent la gloire des hommes à celle de Dieu.

Ces attitudes démontrent une totale ignorance de l'occulte. Rien de ce qui se passe sur terre n'est secret dans l'invisible où règne, en permanence, la plus grande clarté.

Le mal qu'ils font aux autres, ils se le font en réalité à eux-mêmes.

Ils engendrent leur propre **karma négatif** (voir page 51) qu'ils devront subir dans cette vie ou dans une prochaine incarnation.

Les 4 Mondes

Comme il existe quatre corps (mental, astral, éthérique et physique) il existe quatre Mondes ou quatre plans différents (mental, astral, éthérique et physique).

Chaque Monde (ou plan) étant géré par les forces qui lui correspondent :
Le plan mental est le Monde des Idées, de la réflexion
Le plan astral est le Monde des sentiments
Le plan éthérique est le Monde de l'énergie vitale
Le plan physique représente la concrétisation matérielle de toutes ces Forces conjuguées. L'enveloppe terrestre.

Ainsi, les quatre corps d'une même personne peuvent agir différemment dans chaque Monde (voir le chapitre « L'hypocrisie » page 29).

Lorsque le Monde mental (idées, réflexion) et le Monde astral (sentiments) sont en harmonie, le résultat matériel (terrestre) est cohérent.

Mais lorsque les Idées et les sentiments s'affrontent, le résultat terrestre peut être désastreux.

Nous voyons tous les jours les conséquences néfastes voire funestes de comportements dirigés majoritairement par les sentiments.

De la simple colère jusqu'au meurtre, la liste est longue.
Il suffit parfois d'un instant pour commettre l'irréparable.

Nous constatons que, parfois, le meurtrier a agi sous le coup de l'émotion (crime passionnel ou résultant d'une réaction violente incontrôlée).

Une fois calmé, le meurtrier se rendra compte de l'horreur de son geste (au niveau du conscient). Il aura peut-être l'intuition du Karma dur qu'il a engendré (au niveau de l'inconscient, de l'âme).

Pour ce type de meurtrier, subir une arrestation, un jugement et une incarcération ne seront que bien peu de choses comparés à la prison qu'il aura au niveau de l'esprit et du tourment qui le suivra jusqu'à son dernier souffle et au-delà dans sa (ou ses) vie(s) future(s).

****

Chacun de nos quatre corps vit dans son monde.
Nous sommes parvenus à un stade où le corps mental (le dernier né) doit peu à peu se développer et diriger les autres corps.
En effet, ce sont les pensées qui doivent nous diriger et non pas les sentiments.

Tout projet doit faire l'objet d'une étude, d'une réflexion, avant d'être mis en application.
À l'image de Dieu lorsqu'il a créé l'Univers.
« Au commencement Dieu créa le ciel et la terre.
La terre était informe et vide ; il y avait des ténèbres à la surface de l'Abîme, mais l'Esprit de Dieu planait au-dessus des eaux.
Dieu dit : Que la lumière soit ! Et la lumière fut.
Dieu vit que la lumière était bonne, et Dieu sépara la lumière d'avec les ténèbres. »
(La Genèse, Chapitre 1, versets 1-4)

« Au commencement était la Parole, et la Parole était avec Dieu, et la Parole était Dieu. Elle était au commencement avec Dieu.
Tout a été fait par elle, et rien de ce qui a été fait n'a été fait sans elle.
En elle était la vie, et la vie était la lumière des hommes. »
(Évangile selon Jean, Chapitre 1, versets 1-4)

• **LE MONDE MENTAL**

Au début, **notre corps mental** (la raison) émet une idée. Cette idée est à l'état brut. Informe. Puis nous construisons notre projet. Nous lui donnons une forme, une structure, un corps. Une hiérarchie se met en place progressivement. Des postes successifs sont créés pour faire vivre ce projet. Toujours mentalement, nous structurons l'activité pour pouvoir la projeter vers le monde extérieur.

• **LE MONDE ASTRAL**

Parvenu à ce stade, **le corps astral** (les sentiments) intervient. Pour que le projet aboutisse, il doit être empreint de sentiments, sinon il sera froid, sans humanité, et ce sera l'échec.
Mais le Grand Coordinateur doit être le corps mental.
Il doit doser les sentiments pour obtenir un mélange astral et mental adapté au projet.
Ce mélange sera différent s'il s'agit, par exemple, d'un établissement bancaire ou d'une association humanitaire.

L'établissement bancaire bénéficiera naturellement d'un plus grand pourcentage de mental (activité basée sur des calculs complexes), tandis que l'astral sera dominant pour l'association humanitaire (soulager la souffrance humaine, la détresse et faire appel à la générosité des Hommes pour obtenir des dons).
Toutefois, aucune activité ne peut être exclusivement mentale ou astrale.

- **LE MONDE ÉTHÉRIQUE**

Le corps éthérique va infuser **l'énergie** nécessaire à la réalisation du projet. Cette énergie que les grands créateurs connaissent bien.

- **LE MONDE PHYSIQUE**

Puis vient enfin le moment de concrétiser le projet. C'est le rôle du **corps physique**.
L'action, la matérialisation du projet, les contacts humains.
Si le projet a bien été étudié dans ses différentes étapes, nul doute qu'il rencontrera l'adhésion d'un grand nombre (banques, producteurs, mécènes, associés, employés, clients…).
Il est important de signaler que chaque corps vit dans son Monde, de la même manière que notre corps physique.
C'est-à-dire que chaque corps réside dans une région qui lui correspond très exactement. Comme les êtres humains vivent dans des pays, des villes, des quartiers, des domiciles différents.
En fonction de leurs qualités de pensées et de sentiments, le corps mental et le corps astral bénéficieront d'un entourage de qualité ou d'esprits peu recommandables.
Il est donc non seulement possible, mais très fréquent, que les corps d'une même personne résident dans des environnements très différents.

Par exemple : Une personne aisée, Monsieur X, vit dans un quartier huppé. Mais pour parvenir à ses fins, il a élaboré des projets malsains (plan mental) et provoqué des drames humains (plan astral). Ses deux corps, mental et astral, vivront dans des régions différentes. Celles qui correspondent très exactement avec les pensées réelles du corps mental et les sentiments profonds du corps astral.

Il s'agit de l'expérience intérieure qui a engendré des liens karmiques entre tous ces corps. Ceux de Monsieur X et des êtres malfaisants qu'il s'est attaché.

Puis, dans une prochaine incarnation, les personnages peu recommandables fréquentés sur le plan mental et astral seront physiquement présents sur terre. Ou tout du moins, le ou les plus représentatifs du groupe. Attachés à l'ex Monsieur X qui sera devenu Madame Y (il y a généralement changement de sexe à chaque incarnation).

Les Lois du Talion et du Karma s'appliqueront (voir pages 49 et 51), non pas pour punir, mais pour amener à la compréhension des Lois qui régissent l'Univers.

Le but de chaque être humain est d'aligner les quatre corps dans les quatre Mondes. C'est-à-dire penser, ressentir et agir conformément à la Vérité et à la Justice.

Pour devenir un Dieu soi-même.

L'hypocrisie

« La parole a été donnée à l'homme pour dissimuler sa pensée. »
Ce propos est attribué à Talleyrand, cité par Stendhal dans le chapitre 22 de son roman, Le rouge et le noir.

L'hypocrisie est une parfaite illustration de ce qui vient d'être expliqué au sujet des quatre Corps et des quatre Mondes.

Deux personnes conversent ensemble. Elles semblent s'entendre à la perfection. Mais l'une d'elles est hypocrite. Que se passe-t-il en réalité dans **l'invisible** ?

Dans le monde mental, le corps mental de l'hypocrite manifeste au grand jour ses <u>intentions.</u> Les pensées sont représentées par des images, beaucoup plus précises et plus rapides que des mots. En une fraction de seconde, il est possible de voir ce que pense réellement l'hypocrite. Ses intentions. Sa stratégie. Ses objectifs. Les pièges qu'il prépare. Son esprit manipulateur, machiavélique.

Dans le monde astral, le corps mental va manifester les émotions de l'hypocrite, toujours sous forme d'images. Mais ce seront cette fois des <u>actes</u> provoqués par des sentiments négatifs : Jalousie, envie, orgueil, vanité, fatuité, égoïsme, avarice, cupidité, violence, colère, libertinage, luxure, convoitise, paresse… La liste est longue.

Toute une gamme d'actions sont possibles : De la simple moquerie jusqu'au meurtre le plus atroce.
L'hypocrisie et l'intérêt sont les éléments moteurs des mondains.

C'est pourquoi il est écrit plus loin, dans ce livre **« Fuyez les mondanités ! »**
(Voir « l'intérêt gouverne le monde » page 112)

Dans le monde physique, les deux personnes continuent de converser. L'hypocrite parviendra-t-il à ses fins ? Sera-t-il démasqué ?

Comment se protéger de ce genre de personnage ?
(Voir « Comment vaincre le Mal » page 193).

La mort est nécessaire

« La vie est une phrase. La mort, un point. Il y aura de nouvelles phrases, chacune terminée par un point. Le tout formera le roman sans fin de nos vies successives. Le point de départ est la création par Dieu de notre vague de vie, de notre âme. La fin ? Il n'y en a pas. Notre âme est immortelle... »

Pourquoi la mort est-elle nécessaire ?

Chaque incarnation a un programme précis décidé avant la conception de l'être humain. Ce programme est choisi ou imposé en fonction du **karma** de chaque âme (voir « La loi du Karma » page 51)

Il peut s'agir d'un choix de progression essentiellement :

Matérielle (tout ce qui concerne une profession précise que l'on juge particulièrement intéressante, ou une création d'entreprise, ou bien encore fonder une famille et assurer son bien-être, etc.)

Spirituelle (connaissance des Lois Divines, recherches dans le domaine occulte, prières, Astrologie, Numérologie, Tarot, Voyance, Travaux occultes, etc.).

Une vie ne peut pas être QUE matérielle ou QUE spirituelle. Elle est obligatoirement un mélange des deux, même si l'on n'est pas conscient d'avancer spirituellement dans la vie de tous les jours.

Les habitudes sont une des raisons qui rendent la mort nécessaire. Elles freinent l'évolution et gagnent du terrain au fur et à mesure du vieillissement de l'être humain. Même si ce dernier s'en défend.
Les habitudes qui envahissent le quotidien d'un être humain indiquent que son programme touche à sa fin.

Que l'être humain ne peut plus guère progresser avec les moyens mis à sa disposition dans cette vie (son corps, les facultés mentales qu'il s'est forgées, en bref tout son environnement) et qu'il doit mourir pour revenir avec un nouveau corps adapté à de nouvelles expériences, un nouvel état d'esprit enrichi des précédentes épreuves et un environnement adapté à un nouveau programme.

Notre destinée et la prédétermination

En clair, sommes-nous réellement libres d'agir à notre guise, de choisir notre destin ?

Ou sommes-nous des sortes de robots programmés à la naissance pour accomplir une vie déjà toute tracée sans possibilité de la modifier ? (voir page 66)

Au vu de ce qui a été écrit précédemment, nous savons qu'un être humain a connu de nombreuses expériences positives et négatives avant de s'incarner à nouveau.

Lors des précédentes vies, l'âme à acquis de bonnes et de mauvaises habitudes.

Le nouvel être qui vient de naître est donc dans la continuité de ces expériences passées qui ont forgé son caractère actuel. Il va renaître avec les mêmes caractéristiques qu'au moment de sa mort.

Note : Sauf si la Loi du Talion ou du Karma impose des conditions spéciales.
Il est également possible qu'une âme prenne conscience des erreurs qu'elle a commise et qu'elle souhaite volontairement les réparer dans sa prochaine incarnation. Dans ce cas, et en fonction de son degré de compréhension, un environnement adapté lui sera préparé. Elle

revivra certaines expériences négatives avec (en règle générale) le personnage principal, responsable des évènements qui sont à l'origine de ces erreurs et d'éventuels préjudices causés à autrui.

Concernant la prévisibilité de la destinée, voici un exemple : Imaginons qu'une immense salle ait été spécialement aménagée. Un revêtement solide et très inégal, couvert de bosses, a été posé sur le sol. Toutes les caractéristiques précises de ce terrain ont été recréées en trois dimensions sur un ordinateur très puissant. À une extrémité de ce terrain, un homme s'apprête à lancer une boule en fer dont les caractéristiques ont été également enregistrées dans l'ordinateur. Une caméra va enregistrer le lancer et transmettre les informations. L'ordinateur va pouvoir calculer en fonction de toutes ces données, le point de chute de la boule, sa trajectoire en fonction des dénivelés du terrain, et son point d'arrivée exact en fonction de la force du lancer.

C'est avec une plus grande facilité que les Bons Anges et les Archanges positifs peuvent prévoir notre destinée et nous aider à faire de bons choix avant notre naissance.

Car nous sommes tellement, tellement prévisibles… Pour eux.

Le rythme de l'Évolution des Âmes

Des Êtres vivants meurent et d'autres naissent, imperceptiblement différents à chaque fois.

Ces changements très progressifs, nous les vivons chaque jour, sans nous en apercevoir. Nous pouvons les observer en remontant le temps d'un ou deux siècles et davantage en étudiant l'évolution de tout ce qui est vivant en nous projetant dans un très lointain passé.

Quelle évolution extraordinaire (minérale, végétale, animale et humaine) de l'ère préhistorique à nos jours.

Toutefois, chaque âme évolue à son rythme au sein des limites fixées par les âmes les plus lentes (les retardataires) et les plus rapides (les pionniers).

L'évolution humaine est le travail de chacun :

- Les « **tièdes** » représentent la grande majorité des Humains qui choisissent la voie facile de la **plaine**. Une petite vie bien réglée, tranquille, sans grands bouleversements. Études dans de bonnes conditions, emploi sûr et bien rémunéré. Les choses se mettent en place progressivement et ils terminent leur vie avec une retraite « bien méritée ». Pas de grands évènements. Ni en Bien. Ni en Mal. Ce type d'incarnation peut fonctionner une ou deux fois. Rarement trois. L'ennui s'installe au niveau de l'âme (comme des vacances trop longues, au niveau terrestre) et l'envie d'accomplir une existence plus « intéressante », plus palpitante se fait ressentir.
- Les « **inconscients** » qui empruntent des chemins périlleux, semblables aux lieux les plus dangereux sur terre, avec leurs prédateurs féroces, animaux et insectes venimeux, maladies mortelles, précipices... **Ce sont ceux qui pratiquent une des nombreuses formes de la Magie Noire.** Ils pensent pouvoir commander les Entités négatives (les Anges de l'Abîme) pour les contraindre à accomplir leurs sombres desseins Ce qu'ils ignorent, c'est que ces Entités sont extrêmement dangereuses et rusées et que l'homme qui croit les soumettre définitivement à sa volonté fait preuve d'une grande ignorance.

  Ces Entités sont si dangereuses que l'être humain qui a accompli les plus horribles atrocités sur Terre n'arrive pas à la cheville de ce dont sont capables ces Forces du Mal. Un jour ou l'autre, inéluctablement, le Mage négatif perdra le contrôle de ces Entités qui se retourneront contre lui avec une incroyable férocité. Le Mage négatif périra alors, dans cette vie ou dans une prochaine incarnation, dans d'effroyables circonstances. **À noter que certaines personnes <u>SONT</u> Magie Noire.** Ils ont fait tant de mal dans leurs vies précédentes que c'est devenu leur seconde nature. Quoiqu'ils fassent, le résultat est négatif... pour les autres. Car ils ont l'intelligence du Mal et ils savent comment se préserver des situations négatives. Tout du moins, ils le pensent. Car les Forces du Mal sont infiniment plus intelligentes que le plus habile des êtres humains. Et il ne fait aucun doute qu'un jour ce personnage deviendra la victime du Mal. C'est par la souffrance qu'il s'en éloignera pour rejoindre le Monde Positif de Dieu.

- Les « **Ambitieux** » qui veulent être les premiers partout. Champions en sport, dans le commerce, dans les finances, dans tous les domaines. Ils sont constamment au maximum de leurs possibilités. Ils sont prêts à prendre tous les risques pour atteindre leur but, à risquer leur vie et à causer des préjudices à autrui lorsque cette soif de gloire n'est pas tempérée par la raison. Ce sont des vies stressantes, angoissantes ou l'on a recours à des stimulants pour « tenir le rythme ». Grandes fêtes outrancières, Alcool, tabagisme, drogues, sexualité débridée... Les dérives sont nombreuses. Les conséquences d'un tel rythme de vie ne se font pas attendre : Cancer, infarctus, maladies diverses, hospitalisation, cancer, dépression nerveuse, divorce, ruine financière...
- Les « **pèlerins** » empruntent le difficile chemin d'ascension de la **montagne**. Chemin difficile, rocailleux, mais en haut duquel l'Âme peut rencontrer Dieu. Ce sont des vies pleines d'imprévus, palpitantes, parfois angoissantes, faites d'échecs retentissants et de brillantes réussites. C'est le véritable Combat de la Vie. La Grande Aventure avec Dieu pour seul phare. Une vie où chaque jour on ignore de quoi demain sera fait. Mais la Confiance en Dieu et en ses messagers nous pousse à nous surpasser. À accomplir ce que nous pensions impossible. C'est le chemin de ceux qui créent, qui innovent, qui entreprennent, qui prennent des risques. C'est le chemin de ceux qui font avancer le Monde au niveau matériel. C'est également le chemin de l'Occultiste au niveau spirituel.

Voir la « COSMOGONIE DES ROSE-CROIX » de Max Heindel (Saint Michel Éditions), livre magistral qui détaille de nombreux thèmes, dont les « pionniers », les « retardataires et nouveaux venus »...

Les Dons de naissance

Le Monde est souvent stupéfait de découvrir les dons que manifestent certains êtres humains dans des domaines complexes. Ils ont des aptitudes innées de très haut niveau. Renforcées par la suite par des études appropriées. Ces dons peuvent se manifester très tôt. Dès l'enfance.

Les incarnations successives permettent d'expliquer ce phénomène. L'accumulation des expériences et des connaissances acquises dans les vies passées et le niveau d'évolution qui en résulte se manifeste par un ou plusieurs dons particuliers. Ce sont des récompenses Divines méritées. Légitimes.

Le don a ceci de particulier : Il est inné et intuitif. Il peut se développer, s'enrichir, mais il ne s'apprend pas. Certains tentent de faire croire qu'ils ont un don, mais la supercherie ne peut pas durer très longtemps. Le Don véritable porte le Sceau de Dieu qui accorde une Renommée prestigieuse à son possesseur (Comme Mozart, en musique, par exemple).

Il faut en être **fier** sans en tirer un orgueil personnel. Sans se prendre pour Dieu. Car la Bête, tapie dans l'ombre, guette cette faiblesse source de toutes les autres : **l'Orgueil.**

Ce seront alors les travers dans lesquels tombent beaucoup de célébrités dans tous les domaines (stars du show-business, acteurs, politiques, financiers, etc.) :

• **L'AVARICE :** La cupidité, l'accès à la richesse par tous les moyens, monnayer ses dons, par exemple

• **L'ENVIE :** Liée à la cupidité dans le but d'acquérir les plus belles choses et attirer les plus belles femmes ou les plus beaux hommes. Pour susciter l'envie et la jalousie chez les autres.

• **LA COLÈRE :** Suite à un refus, à une insatisfaction. Les fameux caprices de célébrités.

• **LA LUXURE :** Basée sur la sexualité, l'attirance sexuelle, l'aspect physique, et non pas sur l'Amour. Même si certains pensent l'avoir trouvé. Conquêtes, mariages en grandes pompes, infidélités, scandales et ruptures se succèdent. Le sexe, l'argent et le pouvoir sont les armes préférées de l'Abîme.

• **LA PARESSE :** Recherche de l'argent facile. Avec un minimum d'effort.

• **LA GOURMANDISE :** Il s'agit du même principe que la gourmandise alimentaire, à la différence qu'elle touche tout ce qui est relié à la personne. C'est profiter de toutes les opportunités, gagner de l'argent en profitant de sa notoriété pour s'aventurer dans d'autres domaines que le sien en prenant la place de véritables professionnels (Par exemple, une star dans le domaine du sport qui fait de la publicité, du cinéma ou du chant avec un seul talent : Sa notoriété), acquisition de biens à des prix exorbitants et en trop grande quantité pour une seule personne ou une seule famille, etc., etc., etc.

En conséquence, nous voyons combien il est important d'être prêt sur le plan spirituel, mental et émotionnel pour affronter la Renommée en provenance des dons de naissance.

Les pièges sont nombreux et, comme les papillons attirés par la flamme d'une bougie, nombreux sont ceux qui se brûlent les ailes. Mais avec la protection des Anges, les messagers de Dieu, tout est possible.

Note : *Certaines personnes semblent bénéficier d'un don de naissance pour exercer une profession. En réalité, elles exercent la même activité depuis plusieurs vies. D'où cette impression de connaissance innée. Elles recherchent simplement la* ***facilité*** *d'un métier qu'elles connaissent sur le bout des doigts. Leur souhait n'est pas de devenir un champion, un expert, mais simplement d'avoir une vie tranquille. Et surtout bien rémunérée. Ce sont les partisans du moindre effort. L'endormissement de l'âme va permettre à des « faiblesses » de se développer telles que : La* ***Paresse****, l'appât du gain, l'avarice, la jalousie, l'envie, etc.*

À noter également que ces personnes éblouiront l'assistance par leur érudition mais se révèleront systématiquement très maladroites, voire incompétentes lorsqu'il s'agira d'appliquer leur savoir à des situations précises
(Voir « L'instruction et l'Intelligence » page 39)

Cela concerne tous les métiers ou l'Intelligence et l'esprit d'analyse jouent un rôle prépondérant (médecine ou justice, par exemple).

Ces âmes sont devenues « Magie noire ». En refusant d'avancer, elles pratiquent l'involution, le retour en arrière. Avec ses conséquences désastreuses dans cette vie ou dans une prochaine incarnation.

L'Âme et l'apparence

La Terre est un jeu de masques

Le fait de comprendre l'évolution des âmes permet d'expliquer les actes monstrueux commis par des enfants et des adolescents dont regorgent les faits divers :

Viols d'une mineure ou d'une adulte par un ou plusieurs mineurs (viols en réunion), viols entre frères et sœurs mineurs, meurtres, tueries dans les collèges, parents assassinés par un ou plusieurs de leurs enfants, etc.)

Enfants qui sont censés évoquer la pureté et l'innocence selon la tradition populaire.

Certaines incarnations, sous l'apparence de charmantes têtes blondes, cachent en réalité des âmes d'anciens criminels dans une ou plusieurs vies précédentes.

C'est donc **l'âme**, l'élément moteur, qui est aux commandes de ce petit corps d'apparence inoffensive.

Quels que soient l'âge et l'apparence d'un être humain, c'est avant tout une âme, la partie éternelle qui est en nous. **L'âme** fournit des idées au **cerveau** (plan mental). Ces idées provoquent des **émotions** (plan astral) et des **actions** de l'être humain (plan éthérique = énergie vitale pour mouvoir le corps + plan physique = action).

Certaines âmes perverses, préméditant les crimes odieux qu'elles vont commettre sur Terre, choisissent intentionnellement une apparence « angélique » pour mieux piéger leurs futures victimes et espérer échapper à la Justice des hommes.

Cette apparence leur permettra de semer le doute dans les esprits des proches, amis, voisins, famille, mais également au niveau de la Police et de la Justice et d'éventuels jurés qui ne pourront s'empêcher de penser, ne serait-ce qu'un instant :

« C'est impossible qu'un si beau petit garçon (petite fille, adolescent(e)), avec ce visage angélique, ait pu commettre un acte aussi abominable ! »

Seules des preuves irréfutables pourront entraîner une condamnation. Quant à savoir si cette condamnation est conforme aux faits reprochés… certains ont écrits des livres entiers sur ce sujet.

Les âmes perverses choisissent une apparence qui leur permettra d'atteindre leur but en utilisant la ruse (la ruse étant l'arme des âmes peu évoluées) :

- **La beauté pour échapper** (provisoirement) à leur Karma et obtenir un riche mariage non mérité (voir « La Loi du Karma » page 51)
- **Un physique banal** pour se faire passer pour malheureux (se) et obtenir des faveurs ou cadeaux que la personne n'obtiendrait pas avec un beau corps.
- **Une apparence « bonhomme »** pour dissimuler un esprit manipulateur ou pervers.

La liste des mystifications employées par les âmes basses ne peut être exhaustive car elle est extrêmement variée et complexe. Les choix et les buts recherchés sont différents pour chaque être humain, même s'il est possible d'observer des similitudes dans certains comportements ou affaires criminelles.

L'univers est en constante progression dans ses deux aspects : Positif et négatif.

Il est évident que, dans une prochaine incarnation, ces âmes peu évoluées subiront dans leur propre chair le mal qu'elles ont infligé à leur(s) victime(s) conformément à « la Loi du Talion » (voir page 49).

****

La condition sociale n'est pas un indicateur de niveau d'évolution.

Les mêmes qualités et les mêmes faiblesses sont présentes chez tous les êtres humains de la planète. Du plus grand au plus humble. Du plus riche au plus pauvre.

C'est pour cela qu'il n'existe que 9 Archanges (épreuves majeures) et 72 Anges (épreuves mineures) pour l'humanité entière.

Chaque Archange et chaque Ange a la possibilité de se multiplier à volonté. Chaque « copie » est identique à « l'original ». Comme la flamme d'une bougie peut en allumer d'autres qui auront les mêmes propriétés.

L'instruction et l'intelligence

Alors que l'instruction et l'intelligence devraient être complémentaires, l'absence d'intelligence parmi les femmes et hommes de pouvoir représente un des problèmes majeurs de la Société actuelle dans le monde.

Il s'agit d'une carence reliée directement à l'involution de certaines âmes.

La grande majorité des dirigeants actuels (politique, grandes entreprises, administrations, etc.) ont des âmes moins évoluées que ceux qu'ils dirigent. Plus ou moins conscients de ce phénomène, ils emploient d'instinct des subalternes dont l'âme est plus évoluée que la leur. Ce qui leur permet d'obtenir un travail de grande qualité dont ils s'attribueront entièrement le mérite, bien entendu.

L'employé exploité, qui a donné à son insu les richesses de son âme en provenance de ses vies antérieures, recevra probablement de chaleureuses félicitations de son (ses) supérieur(s) et peut-être même une récompense substantielle (prime, cadeau...). Dans le but de le rendre éperdu de reconnaissance et permettre à ses employeurs de mieux l'exploiter encore. Car son travail, fourni par son âme, vaut de l'or.

Quant à savoir l'usage qui sera fait du travail du subalterne par son chef...

L'enfer est pavé de bonnes intentions dit-on à juste titre. Parfois, de bonnes idées réalisées avec de bonnes intentions sont utilisées de manière machiavélique.

L'instruction : L'acquérir demande des efforts, certes, mais c'est une chose relativement aisée. Il suffit de faire preuve de bonne volonté, de patience et de travailler pour apprendre ce précieux savoir diffusé par les écoles et par les médias.

L'intelligence : Concernant l'intelligence, le problème est plus ardu. C'est l'aptitude à s'adapter à une situation, à faire un bon choix en fonction des circonstances. C'est faire preuve de raison, de logique, de bon sens et de discernement. C'est être capable de faire évoluer favorablement une situation en fonction de critères très précis. Situation obligatoirement UNIQUE. Bon nombre de situations se ressemblent et peuvent paraître semblables. Mais dans les faits, il n'existe pas deux situations rigoureusement identiques. Il y a toujours au moins un élément différent.

Or, tout cela ne s'apprend pas dans les livres.

Les Dirigeants et le Pharaon de la Bible

Il y a donc des femmes et des hommes très instruits mais inspirés par l'Abîme qui nous dirigent. La Connaissance doit être accompagnée par l'Intelligence pour en faire un bon usage. C'est ce que Salomon a demandé à Dieu :

« Accorde-moi donc maintenant sagesse et connaissance, afin que je sache me conduire à la tête de ce peuple ! Car qui pourrait gouverner ton peuple, ce peuple si grand ? »
(Second livre des chroniques, Chapitre 1, verset10)

Hélas, la plupart de ceux qui gouvernent le monde se préoccupent davantage de leur égo et de leur apparence que du bien-être des peuples qu'ils dirigent. Ils se préoccupent de donner une bonne image d'eux-mêmes, une bonne impression, généralement fausse mais indispensable pour accéder au Pouvoir. Ils savent mentir et faire des promesses fallacieuses pour mieux **dissimuler** leurs véritables intentions. Leurs stratagèmes et leurs projets proviennent de l'Abîme.

Pour gouverner un peuple, il faut être humble. L'humilité est indispensable pour se mettre au service du peuple, pour l'écouter et le gouverner avec Justice.

Souvenons-nous de l'adage : **Vox populi, vox Dei** (Voix du peuple, voix de Dieu).

Mais alors, comment Dieu peut permettre à des dirigeants corrompus de régner sur des peuples entiers, de les opprimer et de les faire souffrir ?

Sur le plan occulte, quel est le rôle exact de tous ces puissants qui sont au service des empires financiers au lieu d'être au service du peuple ?

Ces femmes et ces hommes ont des **POUVOIRS** accordés par Dieu lui-même. Pourquoi ? Parce que Dieu a sondé leur cœur. Il sait qu'ils sont profondément mauvais et qu'ils ne changeront pas dans cette incarnation. Dieu nous a fait libre, et par conséquent ils ont toute latitude d'agir à leur guise, même si leurs actions génèrent un karma négatif. Ils deviennent alors des pions du Plan Universel, des agents accélérateurs de l'évolution mondiale. Ils vont, à leur insu, faire évoluer la Connaissance et faire reculer le Mal jusqu'à son anéantissement complet.

De quelle manière ? Par la Souffrance.

Il n'y a que deux manières d'évoluer :
Par la voie ***d'Amour*** *ou par celle de la* ***Souffrance.***

Ces dirigeants de l'Abîme, à l'image symbolique du Pharaon de la Bible (Livre de l'Exode), oppriment les peuples. Ils utilisent tous les moyens pour parvenir à leurs fins : La naïveté, la crédulité de ceux qui les écoutent, leur croyance, leur Foi. Si cela ne suffit pas, ils utilisent la peur, les menaces, certaines formes de dictatures (monopolisation des médias, interdiction de s'exprimer librement et publiquement sur certains sujets...) et même la répression physique pour « rétablir l'ordre... LEUR ordre ». Jusqu'au jour où les peuples opprimés se révolteront par une guerre civile ou une révolution.

Dans la Bible, les Israélites ont été délivrés de leurs souffrances par les dix plaies d'Égypte et l'anéantissement du Pharaon et de son armée. De nos jours, le Mal se détruira lui-même, car ce sera une bataille du Mal (la guerre civile, par exemple) contre le Mal (Les oppresseurs et leurs alliés)

« L'Éternel a tout fait pour un but. Même le méchant pour le jour du malheur. » (Proverbes, chapitre 16, verset 4).

Lorsque l'Homme aura suffisamment évolué, il pourra se gérer tout seul. Les Grands de ce monde, les tyrans, les dictateurs, les manipulateurs, les menteurs disparaîtront naturellement, car ils seront devenus inutiles.

Ils nous auront enseigné ce qu'est le Mal par la Souffrance.

Nous aurons acquis, grâce à eux, la Connaissance.

Par la Connaissance, nous aurons appris à identifier les êtres malfaisants et à déjouer leurs plans machiavéliques. Ils seront démasqués, désarmés, neutralisés.
Il ne leur restera, comme unique perspective, qu'à accomplir leur karma dur (*)

(*) *Le karma dur intervient lorsqu'une personne a reçu de multiples avertissements pour se détourner du Mal et qu'elle a persisté en commettant des actes très graves. Elle doit alors subir « la Loi du Talion » et « la Loi du Karma » (voir ces deux chapitres pages 49 et 51) qui s'appliquent avec une grande sévérité.*

LE PEUPLE ÉLU

La notion de Peuple Élu est une source de grande confusion chez les croyants. Certains pensent qu'il suffit de pratiquer une Religion pour automatiquement faire partie du Peuple Élu.

Ce serait évidemment trop simple et profondément injuste. Il faut ici souligner que le peuple juif se croit, à tort, le Peuple élu. Quelle est la définition du Peuple élu ?

Jésus nous le dit lui-même dans ses deux commandements : (Matthieu, Chapitre 22, versets 37-40, également Marc 12.28-31, Luc 10.25-37, Romains 13.8-10)
*« **Tu aimeras le Seigneur, ton Dieu, de tout ton cœur, de toute ton âme et de toute ta pensée.** C'est le premier et le grand commandement. Et voici le second, qui lui est semblable : **Tu aimeras ton prochain comme toi-même.** De ces deux commandements dépendent toute la Loi et les prophètes. »*

Tous ceux qui obéissent à ces deux commandements [1] font partie de plein droit du Peuple Élu, indépendamment de toute autre considération.

Dans les incarnations successives (voir « l'évolution des quatre corps » page 24), nous avons vu que l'évolution des âmes implique l'évolution successive des quatre corps sur les quatre plans : Physique, Éthérique, Astral et Mental.

Il en est de même pour l'adoration de Dieu.

Aujourd'hui, nombreux sont ceux qui donnent **l'apparence** d'une **adoration** de Dieu par toutes sortes de manifestations **visibles** (toujours en présence d'un grand nombre de témoins et si possible des médias, sinon quel en est **l'intérêt !**) [2] et [3]

---

(1) *Ou tout du moins, tous ceux qui s'efforcent de respecter ces commandements dans notre Monde inversé.*

(2) *« Lorsque vous priez, ne soyez pas comme les hypocrites, qui aiment à prier debout dans les synagogues et aux coins des rues, pour se montrer aux hommes. En vérité je vous le dis, ils ont reçu leur récompense.*
Mais toi quand tu pries, entre dans ta chambre, ferme ta porte et prie ton Père qui est dans le (lieu) secret, et ton Père qui voit dans le secret te le rendra. » (Matthieu chapitre 6, verset 5-6)

(3) *Voir « L'intérêt gouverne le monde » page 112*

Avec abondance d'offrandes, de poignées de mains chaleureuses, de prières ferventes en public, dans les églises ou autres lieux de culte…pour ensuite agir d'une manière diamétralement opposée, dans le secret, dans le but de profiter de son prochain, de l'exploiter, voire de lui nuire.

Dans ce troisième millénaire, c'est le corps mental (et par conséquent la Pensée) qui doit être travaillé et développé, conformément à la recommandation de Jésus :

« Mais l'heure vient – et c'est maintenant – où les vrais adorateurs adoreront le Père en esprit et en vérité ; car ce sont de tels adorateurs que le Père recherche. Dieu est Esprit, et il faut que ceux qui l'adorent, l'adorent en esprit et en vérité. »
(Jean, Chapitre 4, versets 23-24).

JÉSUS

Jésus né juif, pourquoi ?

Voici un des sujets qui crée une grande confusion parmi les chrétiens. Si Jésus est né juif, n'est-il pas logique de penser que le peuple juif est toujours le peuple élu, comme dans l'ancienne alliance ? Et dans ce cas, où se situent exactement les chrétiens par rapport au peuple juif ?

Jésus est né juif, car le message qu'il portait et sa mission devaient être **apparentés** au peuple juif, Peuple Élu par Dieu **dans l'ancienne Alliance.**

Jésus l'a dit lui-même à la femme samaritaine :
(Jean, Chapitre 4, verset 22)
« Vous adorez ce que vous ne connaissez pas ; nous, nous adorons ce que nous connaissons, ***car le salut vient des Juifs.*** *»*

De la même façon qu'un fils peut légitimement prolonger l'action de sa famille en développant l'activité d'une entreprise créée par ses parents, par exemple, l'impulsion nouvelle du fils inspirée par des méthodes plus modernes peut servir à développer, agrandir, amplifier le champ d'action de l'entreprise. Transformer l'entreprise familiale en multinationale. Dans le but de la faire prospérer, pour l'adapter à des conditions nouvelles, à un environnement nouveau. Nous savons pertinemment qu'une entreprise qui n'évolue pas est destinée à disparaître.

Jésus est donc venu pour donner un souffle nouveau à la religion du Père et l'étendre au Monde. Depuis sa venue, **le Peuple Élu n'est plus le seul Peuple juif,** comme dans l'ancienne Alliance, **mais il est composé de toutes celles et tous ceux qui suivent ou s'efforcent de suivre l'enseignement de Jésus, c'est-à-dire les préceptes de Dieu, sans distinction aucune.**

Jésus, Fils Unique ou Élu de Dieu ?

Jésus le dit Lui-même :
(Jean, Chapitre 8, verset 29)
« Celui qui m'a envoyé est avec moi ; il ne m'a pas laissé seul, parce que moi, je fais toujours ce qui lui est agréable. »

Nous savons que Dieu est Juste. Parmi tous les êtres humains qu'il a créé, il a choisi tout naturellement Jésus car il était le plus obéissant, le plus à même de comprendre les messages de Dieu et de les accomplir en toute connaissance de cause. Jésus était et est toujours **l'Élu de Dieu.** En ce sens il était un homme avec un Esprit (une âme) comme nous. C'est la qualité de son Esprit et son niveau d'évolution extraordinaire qui en a fait l'Élu naturel et légitime de Dieu.

Jésus était un Dieu *(Avec l'Esprit de Dieu en lui)* et il nous a dit :
« Vous êtes des Dieux » (1)
(Lorsque, comme Jésus, nous aurons l'Esprit de Dieu bien ancré en nous).

Il résulte de ce qui est écrit ci-dessus que le message de Jésus
« ...Moi, je suis le chemin, la vérité et la vie... » (2)
ne peut être cohérent que s'il est prononcé par un Homme animé par l'Esprit de Dieu et non pas un Dieu tel qu'on l'entend, c'est-à-dire un être surnaturel doté de pouvoirs prodigieux et par conséquent inaccessible pour le commun des mortels.
Cela équivaudrait à tenter de suivre une fusée spatiale avec un vélo !

Enfin, comment un simple mortel pourrait accomplir de plus grands miracles qu'un Dieu ? ***« En vérité, en vérité, je vous le dis, celui qui croit en moi fera, lui aussi, les œuvres que moi je fais, <u>et il en fera de plus grandes</u>, parce que je m'en vais vers le Père. »*** (3)

Les Évangiles attestent que Jésus ne cesse de reprocher le manque de Foi en Dieu (Matthieu ch.6, verset 30 – ch.8, verset 26 - ch.14, verset 31 – ch. 17, verset 20 - Marc ch.11, versets 23-24 - Luc Ch. 8, verset 25, etc.)

---

(1) *(Psaume 82, verset 6)*
(2) *(Jean, Chapitre 14, verset 6)*
(3) *(Jean, Chapitre 14, verset 12)*

De nos jours, ceux qui **parlent** de Jésus sont nombreux. On cite les Paroles d'Amour et de Vérité de Jésus. Mais combien **AGISSENT** comme Jésus ? Combien chassent le Mal ? (Les démons, guérison des maladies, arrêter la pluie excessive qui provoque des inondations, la tempête, etc.).

À la lecture de ce passage beaucoup vont se moquer, déclarer que seul Jésus était capable de tels exploits, que nous vivons dans un monde moderne et que tout cela est dépassé, etc...

Pourtant, exception faite de la modification des conditions de vie, du confort moderne et de la technologie, les démons, les maladies et les éléments de la Nature qui se déchaînent sont les mêmes qu'à l'époque de Jésus...

Il y a deux raisons principales à ces réactions :

La dissimulation des vérités occultes. Celles qui sont expliquées notamment dans ce livre et dans beaucoup d'autres, fort heureusement. La Foi de beaucoup de croyants est forte et ne demande qu'à s'exprimer. Mais ils ne comprennent pas ce monde inversé (pour le moment). Où est Dieu dans ce monde d'injustice rempli de faits divers effroyables ? Les religions ne remplissent plus leur rôle en cachant ces vérités si précieuses qui permettent de trouver une explication logique qui est à la gloire de Dieu et des Hommes. Elles sèment le doute dans les esprits en omettant de préciser que Jésus est Amour, certes, mais qu'il est également un soldat de Dieu par ses actions occultes (exorcismes, guérisons, dompter les éléments...) et par le GLAIVE de sa parole qui a mis à mal tous ses détracteurs.

Dans l'au-delà, pas de tricherie possible. Lorsqu'il s'agit de chasser les démons ou commander aux éléments, par exemple, c'est l'âme de celui qui prie qui est en première ligne. Il est facile de duper les hommes mais il est absolument IMPOSSIBLE de tromper les entités de l'Abîme. C'est la raison pour laquelle, PAR PEUR, ceux qui devraient combattre le Mal se retranchent derrière les railleries. Derrière leur ignorance. Les entités, dans l'invisible, voient l'apparence exacte de l'âme de celui qui prétend les combattre. Celui qui a la Foi est semblable à un soldat de la Paix, solidement protégé et armé. Avec armure, casque, bouclier et glaive. Comme Jésus.

Jésus affirme que c'est l'Esprit de Dieu qui est en lui (comme en chacun de nous, le Saint-Esprit) qui accomplit ces miracles et qui exauce ses prières. Notre Foi en Dieu PEUT accomplir des miracles.

Jésus est notre Grand Frère, magnifique, rayonnant et Ô combien bienveillant, qui nous indique le chemin à suivre pour réussir **NOS** existences (vies successives).

LES FLUIDES DES ÂMES

Les fluides positifs s'attirent. Les fluides négatifs se repoussent.
Les fluides positifs représentent une protection infranchissable contre les fluides négatifs.

Ils sont basés sur les principes divins exprimés par Jésus [*], sur l'alliance fraternelle, la fidélité, l'altruisme… Bref, sur les plus belles qualités de l'Âme.

C'est simple, lumineux. Inutile de s'étendre sur le sujet.

Les fluides négatifs se repoussent. Ils ne s'assemblent que pour des raisons d'intérêts personnels au sein d'un groupe. **Ils ont des intérêts communs, mais pas les mêmes buts.** La pérennisation du groupe est compromise dès le départ. Basé sur des rivalités et des batailles internes pour l'accession au poste suprême, l'implosion du groupe sera inévitable un jour ou l'autre.

Par exemple, dans les partis politiques, les combats d'égo sont très fréquents. Pour accéder à un poste important, le candidat utilisera contre son adversaire les armes classiques mais néanmoins redoutables de l'Abîme : Les révélations fracassantes aux médias, l'apparition quasi-miraculeuse de dossiers compromettants, mensonges, calomnies, trahison, propos insultants, diffamatoires…
La liste des coups bas est longue. C'est pour cela qu'il est important de s'éloigner de ces couches basses (l'Abîme en général) pour monter parmi les âmes évoluées.
(Voir « comment vaincre le mal » page 193).
Note : Des personnes de conditions sociales très différentes peuvent avoir des fluides identiques. Par exemple, une personne aisée ou riche peut avoir les mêmes types de fluides négatifs qu'un petit voyou de quartier. D'où les « affaires » qui touchent les milieux politiques, financiers, etc.

Il n'existe que 72 Anges car les mêmes qualités et les mêmes faiblesses sont présentes à tous les niveaux de la Société. Une personne qui commet un vol de quelque manière que ce soit (Par ruse, violence, escroquerie, détournement de biens publiques, etc.) est un voleur. Quel que soit sa condition sociale.

(*) *« Tu aimeras le Seigneur, ton Dieu, de tout ton cœur, de toute ton âme et de toute ta pensée… Tu aimeras ton prochain comme toi-même. De ces deux commandements dépendent toute la Loi et les prophètes. »*

LA LOI DU TALION
(œil pour œil, dent pour dent…)

Tout le monde connaît la célèbre phrase extraite de la terrible **Loi du Talion** :
*« **Œil pour œil, et dent pour dent**, main pour main, pied pour pied, brûlure pour brûlure, blessure pour blessure, meurtrissure pour meurtrissure. »*
(Exode, Chapitre 21, Versets 23-25 / Lévitique, chapitre 24, versets 19-21 / Matthieu, Chapitre 5, Versets 38-42)

Combien d'êtres humains ont utilisé ce passage de la Bible pour s'arroger le droit de se venger eux-mêmes.

Ce qui est contraire aux Lois des Hommes, bien sûr, mais avant tout contraire aux Lois Divines qui, elles, sont conformes à la Justice de Dieu : Parfaite et infaillible.

La Loi du Talion (Exode, Ch.21, Versets 23-25 / Lévitique, Ch.24, Verset 20 / Matthieu, Ch. 5, Verset 38), concernant les Lois sur les coups et blessures et les meurtriers, a été à l'origine de multiples erreurs d'interprétation et d'actes d'horreur.

Actes qui sont en infraction avec le 6ème commandement du Décalogue : *« Tu ne tueras point ».*

Lorsque l'on connaît le principe des vies successives (ce qui deviendra bientôt une évidence pour tout le monde parce que cela sera prouvé scientifiquement), cette phrase signifie que **nous serons obligés de vivre dans notre propre chair le mal que nous avons commis à autrui.**

Demain, dans un an ou dans une prochaine incarnation.
Le bourreau deviendra la victime et la victime le bourreau.
N'oublions pas que, dans la majorité des cas, il y a un changement de sexe d'une incarnation à l'autre.

L'homme de l'incarnation présente deviendra femme dans l'incarnation future et inversement pour la femme qui deviendra homme.

Ce qui a pour effet, entre autres, d'inverser le rapport de force.

Dans le cas d'un meurtre, l'ancien bourreau (homme ou femme) deviendra obligatoirement dans sa prochaine incarnation la **mère** de la victime afin de **lui restituer la vie** qu'elle lui a prise en l'assassinant. Ce phénomène explique l'animosité qui existe parfois entre une mère et l'un de ses enfants. Également **les mères tueuses** (voir page 125)

Il est certain que si l'ensemble des êtres humains étaient conscients de cette terrible et implacable réalité, le Mal disparaîtrait très rapidement sur Terre.

Mais une Loi Divine est supérieure à la Loi du Talion : Le Pardon.

À l'image de la Grandeur de Dieu et de l'immense Amour qu'il a pour nous (et pour l'ensemble de sa création). Amour qu'il nous transmet à chaque seconde, sous toutes ses formes, malgré toutes nos erreurs qui ont pour origine notre propre ignorance des Divines Vérités.

La Loi de Dieu autorise la victime à devenir bourreau pour se venger **(c'est une possibilité, pas une obligation).** Dans le sens de faire **comprendre** à l'ancien bourreau la **douleur** qu'il a fait subir à son ancienne victime.

Mais dans l'incarnation suivante, l'ancien bourreau devenu victime peut demander le droit de se venger à son tour du mal qui lui a été fait.

Ce processus continuera, dans une spirale de plus en plus violente, jusqu'à ce que l'un des deux protagonistes accorde à l'autre cette grâce Divine : **Le Pardon**, qui résultera de la compréhension totale de la situation.

Alors, les deux protagonistes cesseront ce combat stérile.

La Loi du Talion sera alors vaincue par **l'Amour, l'Arme Suprême.**

Lorsque l'Amour règnera sur Terre et que les 10 commandements auront été intériorisés par l'ensemble des Êtres Humains, la Loi du Talion disparaîtra car elle n'aura plus de raison d'être.

Un grand occultiste a dit : *« Le Mal n'existe pas. Il n'y a que de l'ignorance. »*

Il est certain que si nous étions conscients des conséquences de tous nos actes sur notre propre futur (dans nos prochaines incarnations), nous procéderions alors avec une telle prudence qu'une très grande majorité des mauvaises actions actuelles disparaîtraient instantanément.

LA LOI DU KARMA

Tout est bien réglé dans l'au-delà.

Avant de lire ce qui suit, il est nécessaire de s'imprégner de l'idée **qu'il n'y a pas de peine imméritée.** Il est également primordial de comprendre **qu'une souffrance**, aussi atroce soit-elle, **n'est pas une punition** infligée par un Dieu impitoyable qui voudrait imposer sa Loi par la terreur. Nous savons que Dieu est Bon et Juste.

Certains l'accusent (Dieu) d'être responsable de notre situation tant sur le plan individuel que sur le plan mondial. *« C'est Dieu qui a tout créé. Il a donc créé le Mal également »* déclarent ceux qui ne comprennent pas, ceux qui souffrent.

Ces souffrances sont le résultat de nos actes passés dans cette vie ou dans les incarnations précédentes. Elles ont pour but de nous révéler les mécanismes des Lois Divines qui sont pleines de Bonté et de Sagesse. **La Connaissance**.

Chaque pensée, chaque sentiment, chaque acte est une **cause** (Dharma) qui déclenche des **effets** (Karma).

Ces effets peuvent se produire dans la même vie ou dans une autre incarnation. Et dans ce dernier cas, l'être humain ne comprend pas cette apparente injustice car il ne se souvient pas de ses actes passés. Le fait d'accepter cette Souffrance ou plutôt ces Épreuves permet à chacun de se surpasser. C'est une extraordinaire opportunité offerte par Dieu. Celle de **COMPRENDRE LES MYSTÈRES OCCULTES**.

C'est cela l'Or véritable. La Connaissance. Car, grâce à Elle, tous les obstacles disparaissent. Tout ce qui est négatif (situations, évènements, personnages) n'a qu'une raison d'être : Nous amener à la compréhension. Lorsque nous avons compris, le Mal est vaincu, il s'incline devant l'Homme et disparaît.

Le Dharma et le Karma peuvent être individuels ou collectifs (voir pages 53 et 61).

Le Karma collectif réunit des personnes (fréquentations, amis, famille(s), habitants d'une ville, d'une ou plusieurs nations entières) qui ont en commun **le même type de mauvaises actions individuelles** (crimes, vols, viols...**), la même mentalité** (négative, malsaine, perverse...) **ou des actes répréhensibles réalisés en groupe.**

Les injustices apparentes dans le Monde

Avant de lire ce chapitre, il est souhaitable que vous lisiez celui concernant la Loi du Talion page 49.

Au niveau de la Justice Divine, il n'y a JAMAIS d'erreur.

Certaines vies très difficiles ou effroyables sont nécessaires pour que ceux qui la subissent évoluent positivement vers la Connaissance.

L'épuration de l'âme nécessite parfois de grandes souffrances. L'homme et l'âme souhaitent que cette Souffrance cesse. Mais lorsque cette épuration est terminée, l'âme, débarrassée d'un énorme fardeau, peut envisager l'avenir avec plus de sérénité.

De la même manière, certains soins médicaux sont extrêmement douloureux pour parvenir à la guérison. Parfois pour éviter une issue fatale. La différence est que, dans ce cas, l'homme SAIT pourquoi il DOIT souffrir. Et, conscient de cette nécessité, il accepte ces souffrances. En souhaitant toutefois qu'elles cessent le plus rapidement possible.

Lorsque nous aurons la même conscience des processus divins (Dharma et Karma), nous aurons une approche différente des souffrances humaines. Nous pourrons avoir une idée de l'origine des Souffrances et des épreuves. Les nôtres et celles des autres.

Nous comprendrons, SANS JUGER.

Il est heureusement souvent possible d'aider une personne qui a un Karma important. Toutefois, il faut faire attention de ne pas mettre notre main entre le marteau et l'enclume dans le cas d'un Karma dur (sévère et imposé).

N'oublions pas que le niveau de compréhension général actuel de la Justice Divine n'est guère plus élevé que celui d'un enfant qui tenterait d'appréhender les Lois qui régissent notre Société dans toute leur complexité.

Comme cet enfant, nous avons parfois du mal à comprendre les raisons occultes d'une apparente injustice terrestre qui est pourtant nécessaire.

À l'image des premiers chrétiens devant la crucifixion de Jésus-Christ.

Le Karma individuel

Le Karma de chaque être humain est la conséquence des actes positifs et négatifs des vies passées.

Tout le monde a un Karma. Du blanc pur (comme Jésus) au **noir ébène** (voir encadré) en passant par toutes les nuances de gris.

Les Âmes négatives

Le **noir ébène** correspond au Karma des personnes dites « **négatives** ». De vie en vie, elles ont eu le Mal comme compagnon de route. Il est si profondément incrusté en elles qu'il dirige la totalité de leurs pensées, de leurs sentiments et de leurs actes.
Note : L'Abîme ne fait ***qu'alimenter*** *en idées négatives ceux dont l'esprit est tourné vers le Mal. Chacun est libre de suivre leurs conseils ou de s'en détourner.*

Par leurs seules présences, ces personnes sont capables de déclencher des conflits, des désastres. Elles peuvent, par exemple, par des propos en apparence bienveillants, **révéler** des faits qui vont générer des réactions violentes telles que la jalousie, la colère, la haine avec, pour conséquences des drames voire des meurtres. Car elles diffusent des fluides extrêmement bas (ceux de l'Abîme) auxquels peuvent succomber des âmes fragiles ou peu expérimentées.

On dit de ces âmes **négatives** qu'elles sont « **magie noire** » (voir page 167). Elles font le mal naturellement, sans effort. Bien souvent, ces personnes ne sont même pas conscientes de leur état, ni des dégâts qu'elles provoquent autour d'elles, parce qu'elles raisonnent avec leur esprit dont la logique est totalement erronée, inversée. Elles pensent que ce qu'elles font est bien et que le malheur qu'elles ont engendré par leurs propos ou par leurs actes ne les concernent pas puisqu'elles n'ont fait que révéler la Vérité. Elles considéreront même la révélation de cette vérité (aux conséquences graves) comme une fierté : *« Je n'ai fait que dire la vérité ! »*. Quant au(x) drame(s) provoqué(s), elles balaieront tout cela du revers de la main en rejetant la responsabilité sur le(s) fautif(s).

Raisonnement simpliste et dangereux.

Le Karma négatif n'est pas une punition.

C'est, au contraire, une opportunité extraordinaire que Dieu nous donne. Celle de comprendre et réparer nos erreurs en provenance de nos vies antérieures (Karma). De prendre conscience de nos faiblesses (que certains appellent des « péchés ») et de leurs origines (le Dharma).

Ces faiblesses sont des Portes Royales pour l'Abîme par lesquelles elles entrent en nous **EN SECRET** pour distiller leur venin et nous pousser à la faute.

C'est par **l'introspection objective** (*) (voir page 209) que nous pouvons évoluer en combattant nos faiblesses et leurs **origines** (répétition volontaire).

C'est également en étudiant le comportement de ceux que nous détestons. Ils nous servent de miroir et en eux se reflètent certaines de nos faiblesses.

Cherchez dans vos ennemis les faiblesses qui vous sont communes. Si vous en trouvez une, alors travaillez ce point précis de votre personnalité. Apprenez à maîtriser cette faiblesse pour parvenir à l'éliminer définitivement.

Vous n'y parviendrez probablement pas la première fois, mais ce n'est pas grave. L'important est d'avoir **identifié** la faiblesse. D'autres occasions se présenteront, très rapidement, de la combattre à nouveau. Car cette faiblesse se nourrit des mauvaises actions qu'elle vous fait commettre. C'est un être vivant. Invisible, mais vivant. Et comme tout être vivant, elle ne veut pas mourir. C'est ce qui lui arrivera pourtant lorsque vous aurez gagné la bataille. Lorsque vous l'aurez vaincue.
Lorsque vous vous serez vaincu(e) vous-même.

Les conséquences de ce combat vous seront favorables. Cette faiblesse était auparavant tapie dans l'ombre et vous subissiez son influence sans en avoir conscience. Grâce à ce combat, non seulement elle ne pourra plus se cacher mais son instinct de conservation va l'obliger à se montrer au grand jour. Elle a besoin de sa nourriture, de vos erreurs, de vos mauvaises pensées, de vos mauvais sentiments, de vos mauvaises actions. Vous saurez reconnaître les signes

---

(*) *Observation méthodique de nos états de conscience et de notre vie intérieure. Nos pensées, nos désirs et des actes qui en découlent.*

annonciateurs de sa venue et elle ne pourra plus bénéficier de l'effet de surprise. Au fur et à mesure de votre compréhension, cette faiblesse faiblira, puis disparaîtra totalement.

Vous aurez gagné !

Lorsque vous aurez vaincu les faiblesses que vous aviez en commun avec votre ennemi (avec le plus vindicatif, en cas de pluralité) il disparaîtra comme par enchantement. Ce n'était qu'un pion destiné à favoriser votre évolution. Les liens (faiblesses) qui vous unissaient ayant disparu, vous serez détachés l'un de l'autre.
Voyez les deux dessins ci-dessous qui sont très explicites.

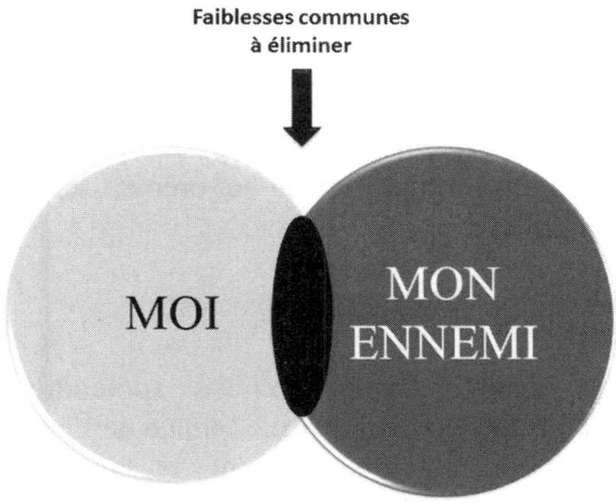

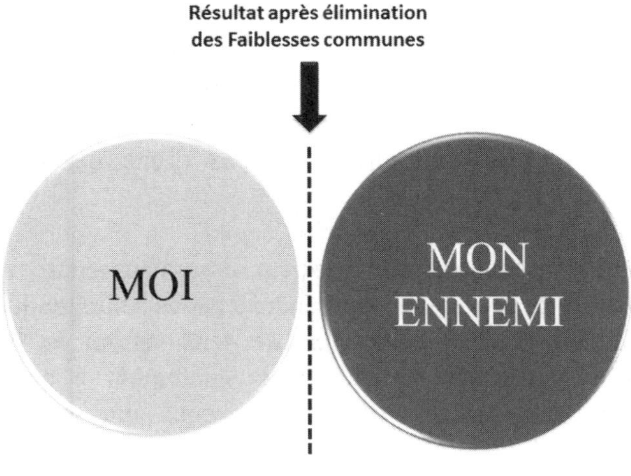

L’inaction n’évite pas le karma négatif

Certaines personnes, craignant d’enfreindre involontairement les Lois Divines, prônent l’inaction pour ne pas « fabriquer » du Karma.

C’est une profonde erreur.

Ne rien faire crée un Karma négatif et l’action deviendra, dans cette vie ou dans la suivante, une obligation absolue. Nous sommes sur terre pour apprendre.

Comme les enfants à l’école, nous devons apprendre sous peine de devenir des retardataires. Il en est de même pour ceux qui refusent les épreuves de la Vie.

L’erreur est nécessaire. On ne peut pas apprendre sans se tromper.

Certaines épreuves (volontaires ou imposées par le Karma) sont nécessaires à la compréhension de soi-même, des autres et des évènements.

Voici deux exemples expliqués succinctement :

Naître aveugle peut servir à apprendre à avancer prudemment. Pour ralentir la cadence infernale de l’âme de celui qui agissait précipitamment sans réfléchir et qui en a subi les conséquences désastreuses. Également à ne plus se fier à **l’apparence** (voir page 37). À ressentir les fluides de l’autre. À percevoir une voix désagréable ou qui n’est pas à sa hauteur naturelle pour dissimuler quelque chose, pour apitoyer l’auditoire. À remarquer les hésitations de celui qui ment. À l’opposé, découvrir la richesse, la beauté intérieure de la personne qui s’exprime d’une voix posée, douce et harmonieuse et qui, peut-être, n’est pas d’une beauté physique éclatante…

Subir une longue maladie peut servir à apprendre la patience par la dépendance aux autres. Apprendre à ne les solliciter que lorsque c’est nécessaire pour éviter de créer des tensions qui, en finalité, se retourneront contre le malade. Mais également à apprécier le dévouement et l’altruisme de celles et ceux qui guérissent, qui soulagent la souffrance. Pour ensuite élargir cette prise de conscience sur la Souffrance du Monde et apprendre à regarder davantage autour de soi. Apprendre à avoir de la compassion, à l'opposé de l'égoïsme.

Anecdote. Un journaliste demande à un enfant de lui donner sa définition de l'égoïsme. L'enfant répond : *« un égoïste, c'est quelqu'un qui ne pense pas à moi ! »*

Notre pire ennemi c'est nous-mêmes

L'Ennemi profite de nos **faiblesses**, ce que l'on appelle « péchés » dans les religions. Il est plus charitable de les appeler « faiblesses » car le terme « péchés » implique plus ou moins l'idée de punition. Ce qui n'est absolument pas le but recherché en vérité.

Nos erreurs révèlent nos faiblesses et en les surmontant nous avons accès à la Connaissance. Connaissance des autres, certes, mais surtout la connaissance de nous-mêmes qui nous transforme en forteresse imprenable !

Le soldat de Dieu est représenté avec une armure, un casque, un bouclier et un glaive. L'armure, le casque et le bouclier (qui symbolisent le Juste, protégé par sa droiture et par la Vérité, à l'image du Christ) protègent le soldat. Le Glaive symbolise la Parole de Vérité du Juste. Arme redoutable qui anéanti l'Ennemi qui ne vit que dans le mensonge.

Pour être plus explicite, nous pouvons comparer l'être humain à une maison.

La « maison » est ouverte aux quatre vents, toutes portes et fenêtres ouvertes. C'est le symbole de la personne naïve ou trop gentille qui se fait exploiter par tout le monde. Il ne fait aucun doute que cette « maison » (cette personne) sera cambriolée. Cela se matérialisera terrestrement par des pertes de toutes sortes : Pertes d'argent, d'emploi, elle sera exploitée par des personnes ou des entreprises, dépouillé(e) de tout…

La maison est fermée mais imparfaitement. Quelques fenêtres et vasistas ont échappé à la vigilance du propriétaire des lieux. C'est le symbole de la personne qui aura affaire à des escrocs plus ou moins habiles, à des manipulateurs, des charmeurs, etc. qui s'introduiront par la ruse dans sa maison et qui la dépouillera de ses biens.

La maison est fermée par des portes blindées, sous surveillance électronique avec des signaux d'alarme et équipes de sécurité. Mais le Maître des lieux ouvre lui-même la porte blindée aux malfaiteurs. C'est la personne qui est âpre aux gains, ambitieuse, sensible à la flatterie, au charme de l'autre, aux paroles enjôleuses… Elle sera dépouillée d'une partie de ses biens qu'elle pensait pourtant à l'abri.

La maison est blindée, sous surveillance électronique avec des signaux d'alarme et des équipes de sécurité. Le Maître des lieux ne laisse entrer que ceux dont il est absolument sûr et dont il connaît la droiture. Aucune notion d'intérêt dans les rapports avec ces personnes. Uniquement l'honnêteté, la fidélité, la Justice et l'Amour dans le sens le plus noble du terme. C'est le Juste et ses amis qui lui sont semblables.

Il est évident que cette dernière catégorie représente l'Élite du Peuple Élu. Mais ces personnes existent. Elles sont particulièrement bienveillantes, à l'image de Dieu et chacun doit aspirer à leur ressembler ou tout du moins à s'en rapprocher.

Sans perdre de vue que Dieu est Bon et Juste et qu'il aide tous ceux qui font des efforts pour s'améliorer. Personne n'est irrécupérable. Le pire des criminels a en lui la Lumière Divine, même si elle brille faiblement. Quelles que soient nos erreurs ou les atrocités que nous ayons pu commettre, nous sommes tous les enfants de Dieu !

Mais pour certains, le chemin est encore long et rugueux…

Le Règlement Karmique

Le règlement karmique provient d'une vie antérieure au cours de laquelle des évènements plus ou moins graves se sont produits entre deux personnes.

> *Note : En cas de règlement karmique avec plusieurs personnes, la victime peut être attachée à toutes ces personnes ou seulement à celle qui est la plus représentative des épreuves à surmonter. Pour simplifier, nous n'évoquerons que le cas d'un règlement karmique entre deux personnes.*

Dans la vie suivante, des liens karmiques très puissants relient entre eux **les quatre corps** des deux protagonistes. Il s'agit, pour l'ancienne victime, de découvrir la nature profonde de l'être malfaisant qu'elle n'a pas su identifier dans la vie précédente.

Dans un premier temps, l'être malfaisant provoquera des nuisances visibles, concrètes, terrestres, à son ancienne victime qui devra les identifier et en découvrir l'origine... qui n'est autre que la prise de conscience de ses propres faiblesses. Faiblesses que l'être malfaisant utilise pour lui tendre des pièges.

Cette première étape franchie, et dans le cas d'une victime suffisamment évoluée, les nuisances se produiront de manière beaucoup plus subtile. Il s'agira, pour la victime, d'identifier l'être malfaisant **sur tous les plans** pour s'en débarrasser définitivement.

PLAN MENTAL (le corps mental dans le monde mental)

L'être malfaisant mettra à profit la complicité **d'esprit** qu'il entretenait avec sa victime pour agir sur son **corps mental** (les pensées). Il lui suggèrera des idées négatives qui, si elles sont mises en pratique, auront des conséquences fâcheuses pour la victime. Cette dernière devra apprendre à distinguer ses propres pensées de celles que l'être malfaisant lui suggère. Elle devra surtout comprendre de quelle porte (de quelle faiblesse : naïveté, crédulité, gentillesse excessive, générosité aveugle, etc.) l'esprit de l'être malfaisant se sert pour entrer dans son esprit.

C'est la question fondamentale.

PLAN ASTRAL (le corps astral dans le monde astral)
L'être malfaisant agira également sur le **corps astral** (les sentiments) pour évoquer
les souvenirs heureux de la vie antérieure, les moments de joie, de rire, de partage, un passé « d'amitié » (en omettant les traîtrises) pour inspirer des sentiments de sympathie ou de pitié à son égard. Autant de pièges que la victime devra identifier et éviter. … Mais si elle se laisse émouvoir, l'être malfaisant en profitera pour lui causer de nouveaux préjudices dont les conséquences iront crescendo !

PLAN ÉTHÉRIQUE (le corps éthérique dans le monde éthérique)
L'être malfaisant peut profiter de ces liens du passé pour « vampiriser » sa victime.
Que signifie le terme « vampiriser » ? Il ne s'agit pas, bien sûr, du vampire qui plante ses incisives dans le cou de sa victime pour en sucer le sang !
Dans le corps éthérique résident les dons de naissance qui sont le fruit des récompenses légitimes et des connaissances acquises dans les vies précédentes :
Don artistique, littéraire, scientifique, etc.
Or, grâce aux stratagèmes élaborés sur les plans mental et astral, l'être malfaisant peut (mais pas toujours, heureusement) voler un ou plusieurs dons appartenant à sa victime. Cette dernière deviendra alors l'ombre d'elle-même. Elle sera dans une sorte d'état végétatif ou tout du moins très en deçà de ses possibilités habituelles. Elle peut même devenir une source de moquerie de la part de ses proches ou de ses amis. Viendra un jour où, exaspérée par cette situation, elle réagira et décidera de lutter pour sortir de sa torpeur, récupérer ses dons et retrouver sa véritable personnalité.

****

Toutes ces agressions invisibles sur les trois plans (mental, astral et éthérique) et les conséquences désastreuses qui en résultent terrestrement auront pour effet d'éveiller la méfiance de la victime. Elle parviendra enfin à contrer toutes les manigances de cet être malfaisant sur les trois plans et elle se débarrassera définitivement de **lui et de tous ses semblables**. Efforts récompensés d'une manière prodigieuse par Dieu !

Toutes ces expériences n'ont qu'un seul but : **APPRENDRE**

APPRENDRE à identifier la nature profonde des autres, bien sûr, mais SURTOUT **APPRENDRE A SE CONNAÎTRE SOI-MÊME.**

C'est cela l'OR que Dieu nous donne…

La CONNAISSANCE DU BIEN ET DU MAL !

Le Karma National

À l'instar des Hommes, chaque pays a également son Karma.
Il est le résultat du comportement et de l'état d'esprit général de tous ceux qui ont vécu sur son sol au fil des siècles.
L'Esprit de ce pays, qui est une Entité à part entière, se nourrit des bonnes et mauvaises actions individuelles et collectives commises sur son territoire.

Il existe une interaction entre cette Entité du pays et le peuple qui y réside.

L'un et l'autre évoluent, mais pas toujours dans la même direction.

Par nature, l'Entité ne souhaite pas évoluer. Elle est, comme les hommes, prisonnière de ses habitudes. Elle bloque l'évolution du pays et tente de le maintenir en l'état le plus longtemps possible.
Elle peut, par exemple, favoriser l'arrivée au pouvoir d'un dictateur (ou d'un faux démocrate) qui aura le même but que l'Entité :

Maintenir la situation. Que rien ne bouge.
C'est la volonté de l'Abîme ! L'involution.
Qui n'avance pas recule.

Au bout d'un certain temps, qui est très variable en fonction de la situation du pays et de la **volonté** profonde de changement en provenance de la population, naissent des conflits entre l'Entité, le peuple et les dirigeants.

Ces conflits, qui proviennent du peuple qui ne veut plus subir le joug de l'Entité, provoquent des changements brutaux, voire sanglants dans le pays (Révolution, guerre civile…). C'est parfois le prix à payer pour avancer.

Au fur et à mesure de son évolution, le pays acquiert un **niveau** de fluides qui lui correspond très exactement. De la même manière que l'on évalue le **niveau** d'un élève à l'école en fonction des différents paramètres qui lui sont propres (notes et moyennes, mais également son comportement général).

Ce **niveau** détermine l'orientation générale du pays. Son mode de fonctionnement.

Niveau physique : Le corps

Si le pays est composé majoritairement d'âmes jeunes, ou bien d'âmes qui n'ont pas encore pris conscience de la véritable signification de la Loi du Talion et de celle du Karma, les délits sont nombreux et les châtiments sont essentiellement d'ordre corporel.

Niveau Astral : Les sentiments

Pour les pays dont les âmes sont plus anciennes, ce sont les sentiments qui sont travaillés sous toutes leurs formes. Telle l'époque où la dame s'évanouissait lorsqu'un homme lui déclarait son amour. Ce sont les sentiments positifs mais également négatifs. Tout est exagéré, amplifié démesurément : Les déclarations d'amour enflammées, les grandes passions avec leurs drames, les mariages éclairs suivis de divorces conflictuels, une extériorisation outrancière des sentiments, on parle fort avec beaucoup de gestes, il y a des cris, des pleurs, des infidélités, on attache une importance exagérée à son apparence, on veut paraître, etc.

Niveau Mental : Les pensées

Concernant les âmes les plus anciennes, les pays ont un mode de fonctionnement qui repose essentiellement sur le mental.

Dans le positif, les projets font l'objet d'une saine analyse très approfondie pour s'assurer de leur fiabilité et de leurs effets bénéfiques dans la durée. On mise sur le long terme. On pense aux générations futures.

Dans le négatif, on détruit intentionnellement l'espoir en un avenir meilleur. On ne présente qu'un avenir sombre. On fait des promesses fallacieuses qui génèrent **l'espérance** dans un premier temps, puis la **colère** en provenance d'un sentiment (justifié) de trahison dû aux promesses non tenues, la **déception** et enfin le **désespoir** le plus total. Ce sont des pays où les **suicides** sont nombreux car le mental a été anéanti volontairement. C'est

évidemment gravissime. Le Karma de ceux qui ont provoqué ces suicides, directement ou indirectement, sera très « dur » et géré par les entités de l'Abîme qui useront d'une très grande sévérité à leur égard…
En équivalence avec la gravité des situations dont ils sont responsables ou coresponsables.

Processus général du Karma National

Dans certains pays, certaines âmes refusent de plier et de se soumettre aux Lois Divines par l'intermédiaire des Anges Gardiens.

Les Anges Gardiens, qui ne peuvent pas (et ne veulent pas) faire le Mal, confient donc ces âmes à leurs Frères Experts en la matière (les Anges de l'Abîme – les Démons – le Diable… peu importe le nom qu'on leur donne) qui vont se charger, par la Souffrance, de leur faire comprendre les conséquences de leurs actes.
Ces Anges de l'Abîme ont, malgré les apparences, une Noble Mission :

Faire comprendre par la Souffrance ce que l'Amour n'a pas pu accomplir.
Mais ils n'en sont pas moins extrêmement redoutables.

Le pire des criminels sur Terre n'arrive pas à la cheville de ce que ces Entités sont capables d'accomplir !

Chaque pays adopte donc les Lois qui sont appropriées au peuple qui y réside.

Si le pays est dominé par la criminalité, c'est-à-dire dirigé par les Entités de l'Abîme, alors des Lois terribles (comme la peine de mort) peuvent être votées et appliquées.

Mais ceux qui ordonneront la peine de mort, la subiront à leur tour dans une prochaine incarnation… (Voir la Loi du Talion page 49).

Pour les mêmes raisons (le niveau des fluides), certains pays peuvent être dirigés par des dictateurs ou par des dictatures dissimulées derrière de fausses démocraties (dirigeants manipulateurs).

Chaque peuple a les dirigeants qui lui correspondent.
Il s'agit de peuples à la mentalité très dure (= dictateur) ou faisant preuve d'une générosité excessive (= dirigeant manipulateur). Ces dirigeants ne font que profiter (abuser) de l'état d'esprit général du peuple qu'ils dirigent.

Certains pensent résoudre le problème en assassinant le dictateur ou le manipulateur.

Si l'état d'esprit du peuple n'a pas changé, un nouvel élu (frère jumeau d'esprit de celui qui a été assassiné) prendra la direction du peuple.

Il sera pire que son prédécesseur, **par nécessité**.

Car Le but de l'incarnation sur Terre est de COMPRENDRE, de SE comprendre et également COMPRENDRE LES AUTRES. Tant que le peuple ne comprendra pas que ce dictateur ne fait que refléter leurs propres faiblesses, la situation restera bloquée. Elle ne pourra changée que si le peuple change en profondeur, par la CONNAISSANCE.

Le nouveau dictateur, pour discipliner ce peuple rebelle, ne pourra qu'amplifier le Mal (*). Avec une telle amplitude qu'il le rendra visible et compréhensible par tous. Le résultat sera une évolution positive du peuple dû à la Souffrance endurée.

Lorsqu'un dictateur perd ses pouvoirs, il est certain que ce tyran périra d'une mort violente dans cette vie ou dans une autre par l'application de la Terrible Loi du Talion (voir page 49) :

Vivre dans sa propre chair ce que l'on a fait subir aux autres.

Il a tué (ou fait tuer), il sera tué à son tour dans des conditions similaires.

Avec les mêmes souffrances, si atroces soient-elles…

Non pas par un désir de basse vengeance, mais pour que son âme comprenne la souffrance que son enveloppe humaine a provoquée chez autrui.

Par cette compréhension, elle ne désirera plus faire souffrir son prochain. Par peur du châtiment, dans un premier temps.

« Le début de la Sagesse, c'est la crainte de l'Éternel. Et la connaissance des saints, c'est l'intelligence. »

(Proverbes, chapitre 9, verset 10)

À noter que la Loi du Talion s'appliquera également sur celui ou ceux qui l'ont tué !

(*) *À l'image du traître qui conspire dans le secret et dont les mauvaises actions apparaissent soudainement au grand jour grâce à des évènements (ou à des révélations) dont il n'a pas le contrôle. De nos jours, Internet est une arme redoutable pour révéler ce que les puissants tentent de dissimuler.*

Certaines atrocités (pas toutes) qui se déroulent actuellement résultent de faits qui ont été accomplis il y a environ cinq cents ans dans le monde.

(Cinq cents ans est la durée moyenne qu'une âme passe dans l'au-delà avant de s'incarner de nouveau).

Les catastrophes naturelles

Vous avez probablement remarqué que les catastrophes dites « naturelles » sont fréquentes dans certaines régions ou certains pays. Il y a des raisons occultes à cela.

Lorsqu'un pays ou une région a des fluides bas (naturellement ou résultant de la Magie Noire – voir page 167), il se charge d'ondes négatives qui attirent des phénomènes climatiques dramatiques tels que : Cyclone, tempête, tsunami, inondation, sècheresse, tremblement de terre, incendie causé par la foudre, etc…

Ces ondes négatives sont le résultat des mauvaises actions de l'ensemble des habitants du lieu concerné (pays ou région). À noter qu'une prise de conscience collective peut améliorer les conditions de vie et le climat du pays ou de la région.

Les catastrophes naturelles résultent des mauvaises ondes telluriques (en provenance du sous-sol – voir page 69) et des conflits atmosphériques. Des entités malveillantes (démons), attirées par les basses fréquences de ce lieu, s'installent et certaines d'entre elles, spécialisées dans les perturbations telluriques ou atmosphériques, provoquent ces phénomènes négatifs. Cela explique pourquoi Jésus, comme n'importe quel être humain qui a une Foi puissante, a pu arrêter une tempête.

*« ...Alors il se leva, **menaça** les vents et la mer, et un grand calme se fit... »* (Matthieu, chapitre 8, versets 23-27).

En vérité, Jésus a **menacé**, chassé les démons qui provoquaient ce phénomène et la nature a retrouvé son calme.

Le processus du Mal est de s'introduire par la ruse, en douceur. Puis, une fois dans la place, amplifier son action destructrice à un tel niveau qu'il en perd son arme principale : la ruse. Il devient visible par ses effets et il est anéanti par son désir immodéré de puissance.

Tant que le Mal règnera sur la Terre, ces phénomènes persisteront et s'amplifieront. Mais ils suivront le processus expliqué dans le paragraphe ci-dessus.

C'est pour cela que Jésus a dit : ***« Quand cela commencera d'arriver, redressez-vous et levez la tête, parce que votre délivrance approche ».*** (Luc, chapitre 21, verset 28). (Voir pages 83 - La fin « du » monde / et page 84 - la fin **D'UN** monde -)

Comment l'âme prépare son incarnation

Chaque être humain a besoin, pour son évolution personnelle, d'un ensemble d'éléments pour réussir son incarnation :

Préparation de l'incarnation :

Tous les êtres humains ont un karma composé de positif et de négatif résultant des expériences des vies passées. Dans le cas d'un karma dur (imposé) l'âme est incarnée d'office en fonction des règles imposées par la Loi du Karma (voir page 51) et éventuellement celle du Talion (voir page 49). Lorsque le karma négatif n'est pas trop important, l'âme peut décider d'une destinée pour sa prochaine incarnation. Elle expose son projet (par images, ce qui est extrêmement rapide) aux Anges qui lui donnent des **conseils** et des **avertissements**. L'âme étant libre, elle peut décider de maintenir son projet en l'état, de le modifier ou d'en changer. Lorsque l'âme a pris sa décision, les Anges contactent les âmes des futurs parents pour obtenir leur accord.

Les futurs parents :

La venue du futur enfant ainsi que l'acceptation des parents se fait automatiquement en cas de karma dur (voir ci-dessus). Dans les autres cas, les âmes des futurs parents sont informées du souhait du futur incarné. Si les parents acceptent, les Anges travaillent à la réalisation du projet. Dans le cas contraire, un nouveau projet est élaboré avec d'autres parents.

Les influences planétaires :

En fonction du karma, la mise en place de la destinée nécessite certaines influences planétaires à la naissance. Ainsi qu'une évolution de ces influences adaptée au projet choisi ou imposé, de la naissance jusqu'à la mort. La prise en compte de tous ces éléments vont permettre aux Anges de déterminer avec précision le jour et l'heure de naissance du futur incarné. Ainsi que le jour de la conception de l'enfant à venir.

Le corps, véhicule de l'âme :

En fonction de la destinée choisie ou imposée, le corps devra posséder les qualités nécessaires à sa réalisation. **Force physique**, s'il veut être sportif ou travailleur manuel, par exemple. **Prédisposition intellectuelle spécifique** pour la littérature, les mathématiques, la physique, les langues… **Handicap** nécessaire à la compréhension (voir « le karma individuel » page 53).

La famille :

L'environnement familial lui donnera les bases de son évolution future. L'ambiance sera **harmonieuse** pour une famille d'âmes qui vivent ensemble depuis plusieurs incarnations ou de même niveau, ou **conflictuelle** (extériorisée ou intériorisée) pour de multiples raisons : Règlement karmique avec un membre de la famille, désaccord sur les valeurs morales ou religieuses, rapport de force entre certains membres (parents, enfants, frères et sœurs), différence de niveaux trop importante…

Le pays :

Le pays de naissance, lorsqu'il est également le pays où résidera pendant plusieurs années le nouvel incarné, déterminera les grandes orientations : **Niveau général** de l'évolution des âmes et du pays, **niveau de vie** (pays riche ou pauvre), **niveau de moralité** (majoritairement honnête ou corrompu), **politique** (démocratie ou dictature), **Lois** (justes, excessivement laxistes ou répressives), **traditions** (qui font parfois barrage au progrès, à l'évolution, à la modernité), etc.

La région :

Avec les différences sensibles d'état d'esprit qui sont fonction de sa situation géographique (Nord, Sud, Est, Ouest).

La ville :

Grande agglomération, ville moyenne, village, canton… Avec les avantages et inconvénients de l'option choisie ou imposée.

Le quartier :

Calme ou bruyant. Tranquille ou dangereux…

Le domicile :

Château, grande résidence très spacieuse, maison individuelle, appartement (grand ou petit), studio, dans une résidence ou dans un HLM…

Ce bref exposé permet de constater qu'une incarnation n'est pas le fruit du hasard. Elle est dotée d'un ensemble de **caractéristiques personnelles très précises** qui fournit à chaque être humain une destinée qui lui est propre.

À partir de sa naissance, l'être humain va récapituler ses vies passées : *(Tel un ordinateur qui ouvre d'abord tout ce qui est nécessaire à son fonctionnement. Puis il autorise l'utilisateur à accéder aux fichiers.)*

De 0 à 7 ans :	Vie minérale
De 7 à 14 ans :	Vie végétale
De 14 à 21 ans :	Vie animale
De 21 à 28 ans :	Vie humaine
	(21 ans est l'âge réel de la majorité.)

À 21 ans et au-delà, vie passée et vie future vont se superposer. Ce qui est en provenance de la vie passée (karma) va générer des épreuves qui, en cas d'échec ponctuel, vont se répéter jusqu'à compréhension complète ou partielle. Dans ce dernier cas, la même épreuve se reproduira dans une prochaine incarnation, sous d'autres formes. Le but d'une épreuve est de nous faire prendre conscience de l'origine de l'erreur commise (Dharma) et de ses conséquences (Karma).

Pour obtenir cette Connaissance, la vie sera faite de périodes d'épreuves et de repos. De Souffrances et de Récompenses. Le but étant d'encourager l'être humain à s'améliorer sans cesse en fonction de ses possibilités.

Il est très fréquent qu'une évolution positive entraîne un bouleversement des caractéristiques données à la naissance : Changement de ville, de pays, amélioration des conditions de vie, aisance, apparition de dons, accès à la célébrité, mariage heureux…

Les choses se passent différemment si l'être humain refuse d'accepter les épreuves et si, pour cette raison, il fuit son pays d'origine (voir ce chapitre, page 70).

Dans ce cas, il bénéficiera d'une « période de réflexion » pendant laquelle il pourra constater que sa situation ne s'améliore pas NATURELLEMENT. Qu'il est contraint de demander assistance au pays d'accueil sous formes d'aides de toutes sortes ou de tricher (voler, mentir d'une manière ou d'une autre pour obtenir des avantages sans les avoir mérités d'une manière LÉGITIME et NATURELLE.)

Il sera libre de décider de rester ou de retourner dans son pays d'origine, plus en harmonie avec son niveau d'évolution.

Mais de toutes manières, son karma le rattrapera, où qu'il soit. Et plus il cherchera à lui échapper, plus le karma deviendra dur (plus sévère et imposé sans négociation possible dans son étape finale).

Le Justice humaine agit de la même manière.
Elle fait preuve de compréhension pour celui qui a commis pour la première fois une faute minime et le regrette sincèrement, mais elle fait preuve d'une très grande fermeté (en principe) envers un multirécidiviste endurci dans le mal en le condamnant à une lourde peine.

Ondes telluriques

Les êtres humains et la Terre ont chacun leurs propres fluides.
Ceux de la Terre sont extrêmement variables.

Les ondes telluriques proviennent du sous-sol de la Terre. Tantôt positives, tantôt négatives. Elles donnent un niveau général à des pays, des régions, des villes, des quartiers, des habitations et à certaines zones de quelques mètres carrés seulement (lorsque deux cours d'eau souterrains se croisent, par exemple).

Les habitants sont répartis sur la surface de la terre en fonction de leur karma.
(Voir chapitre précédent : « Comment l'âme prépare son incarnation » page 66).

Le monde évolue sans cesse, et l'épuration des âmes des êtres humains entraînera l'épuration des pays.

Les âmes les plus évoluées vont continuer à s'épurer et la dimension de leurs âmes va rayonner et s'agrandir de plus en plus jusqu'à couvrir des continents entiers.

Elles absorberont, comme c'est déjà le cas actuellement, les fluides négatifs en provenance du sous-sol de la terre et les expulserons dans l'Abîme. Principe de l'exorcisme.

La terre, au fur et à mesure de son épuration, verra sa température augmenter (*) et ses vibrations seront plus rapides. À tel point que le Mal, qui possède des vibrations très lentes, ne pourra plus se maintenir.

Il disparaîtra définitivement de la surface de la terre.

Fuite du pays d'origine

Certaines personnes cherchent, sans qu'elles puissent en expliquer la raison, à fuir leur pays d'origine. Elles ressentent que ce pays sera source de malheur pour elles.

Au niveau de l'occulte, ces personnes ont très souvent engendré un karma négatif dans leur(s) vie(s) précédente(s) qu'elles doivent réparer dans cette vie en inversant les rôles. De bourreau elles deviennent victime.

Rôle qu'elles appréhendent avec angoisse.

Cette tentative, réussie ou non, d'échapper à son karma prouve plusieurs choses :

- **La méconnaissance de la Justice Divine** qui s'appliquera de toute façon.
  Le passe-droit et les petits arrangements n'existent pas dans l'au-delà. Dieu est Juste. Il a dicté des Lois pour notre bien et c'est également pour notre bien qu'il est nécessaire de vivre certaines épreuves, si dures ou si terribles soient-elles. C'est l'application de la Loi du Talion (voir page 49) qui nous fait comprendre la souffrance que nous avons fait subir à autrui en la ressentant dans notre propre chair.

(*) *Même principe qu'un exorcisme. L'envoûté a froid. Lorsqu'il est exorcisé, il retrouve sa température normale.*

- **Le refus de réparer ses erreurs passées**. Ces personnes font partie du « peuple à la nuque raide » dont il est question dans la Bible ***« … car tu es un peuple à la nuque raide »*** (Deutéronome chapitre 9, verset 6, extrait). Ceux qui refusent de se soumettre, qui désobéissent constamment aux ordres de Dieu, à ses commandements pleins de Sagesse et d'Amour. Tous les conseils de Dieu ne sont là que pour nous protéger des nombreux dangers visibles et invisibles qui existent dans cet univers qu'il a créé et que l'Homme a fait chuter en refusant d'obéir aux ordres de Dieu.
- **Le règlement karmique aura lieu tout de même**, dans cette vie ou avec possibilité d'une aggravation dans une prochaine incarnation.

  Les moyens ne manquent pas pour transposer dans le nouveau pays le règlement karmique de celui qui prétend fuir ses responsabilités.

  Ce qui explique certains cas de morts tragiques, brutales, voire inexplicables au regard du lieu (tranquille), du profil du ou des criminels et du mobile invoqué. La « pulsion » ressentie par les criminels est souvent invoquée. Pulsion provoquée par le Karma, la Loi du Talion ou les deux.

La migration massive et les Lois

La migration massive (libre circulation en Europe) pose de nombreux problèmes.

LA TRAÎTRISE

Une des caractéristiques de l'Abîme

Ceux qui, hier, encourageaient l'immigration sans aucun contrôle pour, entre autres, bénéficier d'une main-d'œuvre à bas coût, et qui sont à l'origine de naturalisations massives, se retournent aujourd'hui contre cette même immigration. Ils souhaitent soudainement plus de rigueur, plus de contrôles, plus de sanctions. Ils ont un esprit de traîtrise et la seule chose qui les motive, c'est l'INTERET. LEUR intérêt.

Ils proclament haut et fort ce que le peuple veut entendre AUJOURD'HUI. Pour être élu à tout prix. Quitte à prôner le contraire de ce qu'ils affirmaient hier. Ils comptent sur la mémoire courte des peuples. Ce peuple qui vit dans la détresse, dans l'urgence et qui souhaite des changements rapides… Souhait légitime qui ouvre en grand les portes sombres par lesquelles entrent les manipulateurs dont les discours foisonnent de promesses fallacieuses : Cadeaux somptueux, promesses d'un avenir meilleur…

Les candidats à l'élection (d'un parti, présidentielle…), ne vivent pas dans la même situation d'urgence que le peuple. Une fois élus, les promesses électorales d'hier sont oubliées. Ils profitent des nouveaux avantages que leur procure leur élection et s'installent dans cet univers douillet.

Mais l'aiguillon de ceux qui souffrent vient les sortir de leur torpeur pour les contraindre à agir contre cette migration massive que le peuple rend responsable de tous les maux. Alors, tels des fauves dérangés pendant leur sieste, les élus se jettent sur les fauteurs de trouble : Dans le cas présent, les étrangers…

Ils réagissent avec brutalité. Les « amis » d'hier sont les « ennemis » d'aujourd'hui ? Peu importe l'esprit de traîtrise pourvu que le petit cocon de l'élu soit préservé.

Si les pays de l'Europe étaient d'équivalence, l'idéal serait de voter des Lois qui seraient applicables à l'ensemble des pays qui la composent. Or, dans la réalité, nous voyons que cela est impossible pour une raison simple : Des âmes de niveaux différents circulent en Europe. Lorsqu'il y a des délits, la Justice se révèle inefficace ou inadaptée.

Pour procéder par comparaison, certains pays ont des âmes d'un niveau « **adulte** », d'autres d'un niveau « **adolescent** » et d'autres encore d'un niveau « **enfant** ».

Dans la vie terrestre normale, simple, il est évident pour chacun qu'il est impossible de se comporter de la même manière avec un adulte, un adolescent ou un enfant. Les règles sont obligatoirement différentes car elles doivent être adaptées au niveau de compréhension de chaque étape de la vie. Les directives, les récompenses et les sanctions ne sont pas les mêmes.

Or, pour l'Europe, on ne veut pas tenir compte de ces différences pourtant flagrantes.

Il existe des spécificités propres à chaque pays : Le comportement des peuples, leur raisonnement, leurs aspirations, leurs préférences, leur idéal, ce à quoi ils sont sensibles ou non, leurs Lois, leurs mœurs, leurs traditions…

Ce qui est tout à fait normal. Ce sont ces différences qu'il faudrait normalement préserver tout en aidant les peuples à évoluer, à améliorer leurs conditions de vie. Mais sans s'ingérer dans leur mode de fonctionnement qui leur est propre. Sans remettre en question, brutalement, tout le présent d'un pays en provenance d'une lente évolution au cours des siècles.

Cela correspond à propulser du jour au lendemain un élève de sixième en classe de terminale. L'élève se révoltera contre cet environnement inadapté à son évolution.
Les peuples agissent de la même façon.

C'EST AU PEUPLE SOUVERAIN DE CHAQUE PAYS DE DÉCIDER DE SON AVENIR PAR LE MOYEN LE PLUS APPROPRIÉ, EN TOUTE LIBERTÉ DE CONSCIENCE.

Concernant les Lois, la Justice

Lorsque la Justice d'un pays d'un niveau d'âme « adulte » doit se prononcer à propos d'un délit commis par une personne d'un niveau d'âme « adolescent » ou « enfant » des problèmes complexes surgissent. Inextricables. Insolubles.

Comment rendre la Justice d'une manière équitable et satisfaisante avec un arsenal de Lois qui ne sont prévues que pour des délits commis par des « adultes » ?

La condamnation sera obligatoirement inadaptée. Elle sera trop laxiste ou trop sévère, ce qui risque d'entraîner une récidive dans les deux cas. Ou bien elle sera totalement incompréhensible pour celui qui la subit.

Ce qui est un comble.

Car le but suprême de la justice terrestre, à l'image de la Justice Divine, ce n'est pas de punir le délinquant. C'est de l'amener à cesser de commettre des actes répréhensibles par la PRISE DE CONSCIENCE de ses actes et du préjudice causé.

Pour illustrer ce propos, voici un exemple de délit soumis aux juges :

Une femme, originaire d'un pays lointain et mariée sous le régime de la polygamie, est jugée pour avoir assassiné le bébé d'une autre épouse, plus jeune qu'elle, en le précipitant par la fenêtre d'un immeuble. Ces trois personnes vivant dans le même appartement, sa jalousie a été exacerbée par le fait qu'elle percevait les ébats de la jeune femme et de son mari dans la chambre voisine.

C'est un exemple tragique des dégâts causés par le corps astral (qui gouverne les sentiments) lorsqu'il est dirigé par l'Abîme (qui distille le venin de la jalousie). Sans oublier la polygamie (en provenance de l'Abîme également), qui est l'élément essentiel à l'origine de cette affaire. Plus de polygamie, plus d'affaire.

Pour le bon déroulement du procès, la présence d'un interprète linguistique a été nécessaire car la meurtrière ne parlait qu'un dialecte de sa région. La conclusion de ce procès a été une condamnation de la meurtrière à plusieurs années de prison.

Ce qui est une peine inadaptée à son niveau d'évolution d'âme. Dans ce cas, comme dans beaucoup d'autres. Voici pourquoi.

Analysons très succinctement les éléments de ce dossier.

Concernant le contexte
Dans le village d'origine, cet assassinat n'aurait pas pu se produire, tout du moins dans ces conditions, pour plusieurs raisons :

1. Lorsque le mari polygame choisit de passer la nuit avec l'une de ses épouses, il l'emmène dans une habitation éloignée. Les autres épouses devinent ce qui se passe mais ne l'entendent pas. Si la jalousie peut exister, elle est relativement minimisée par ce procédé qui, de plus, relève de la tradition locale.
2. Ces habitations n'ont pas d'étage. Il aurait été impossible de jeter le bébé par une fenêtre. Quant à le tuer d'une autre manière, il faut en être capable.

Concernant la condamnation
La prison est une sanction totalement inadaptée dans ce cas. Elle soulève plus de questions que de réponses de la part de la personne condamnée. C'est l'échec de la Justice qui n'a pas joué, qui n'a **pas pu** jouer son rôle d'éducateur...

Dans le village de la meurtrière, c'est **l'esprit de groupe** qui prédomine. La sanction aurait été **l'exclusion du groupe** ou **l'éloignement temporaire de la communauté.**

Ce qui, à son niveau, représente un châtiment bien plus grand qu'une peine de prison. L'âme a un besoin vital d'appartenir à un groupe lorsqu'elle est peu expérimentée. Son exclusion représente pour elle un drame qui engendre une repentance que nulle peine de prison ne pourra provoquer. Elle suppliera le chef de lui pardonner et promettra de ne plus jamais recommencer pour être réintégrée dans le groupe.

Maintenant, écartons l'aspect criminel de cette affaire et étudions un autre phénomène de groupe : Les enfants et les adolescents.
L'équivalent terrestre des âmes « enfants » et « adolescentes ».

Un membre d'un groupe commet une faute grave ou est à l'origine d'un conflit important qui porte préjudice à la communauté. Le fautif est convoqué par le chef du groupe qui prononce son exclusion. Ce qui a pour effet de provoquer des réactions parfois violentes du fautif et du groupe à son égard : colère, pleurs, insultes...

Ce qui tend à prouver que la sanction porte ses fruits.
C'est une des nombreuses possibilités d'évolution proposées **par l'Abîme**...

Choix volontaire d'une vie difficile

Certaines personnes choisissent volontairement une incarnation dans un contexte difficile pour accéder à la compréhension, à la CONNAISSANCE.

Dans sa vie précédente, à l'occasion de circonstances particulières (voyage privé ou professionnel, aide humanitaire, rôle difficile qui a marqué un acteur…), la personne a côtoyé de très près un monde de Souffrance : Pauvreté, maladies, souffrances morales ou physiques, conditions de vie épouvantables, etc.

Cette personne a été touchée ou bouleversée par ces souffrances, sans toutefois comprendre ce que pouvait être le quotidien de ces personnes dans la détresse. Tous les détails de la vie de tous les jours. Les difficultés pour obtenir ce qui existe à profusion dans d'autres pays, élever des enfants…

Cette personne, probablement depuis plusieurs vies, était habituée à vivre dans un environnement protégé, aisé ou riche, et elle n'avait jamais approché d'aussi près la Souffrance humaine.

Malgré son dévouement pour tenter de soulager cette souffrance, elle est repartie dans l'au-delà avec un sentiment de malaise. Celui de ne pas avoir su comprendre en profondeur cette détresse. De ne pas l'avoir ressentie avec son âme.

Pour sa Nouvelle Vie, elle décidera de s'incarner avec des conditions d'existence éprouvantes. Elle demandera la pauvreté, la maladie ou d'autres souffrances pour ENFIN les ressentir, les vivre, les comprendre de l'intérieur.

Elle fera alors partie des Grandes Âmes Évoluées qui, comme elle, ont vécu la Souffrance. Les seules qui peuvent véritablement avoir une pleine et entière conscience de la misère du monde.

Il est facile pour certains, lorsqu'on est riche, de prendre une ou plusieurs années sabbatiques pour vivre comme un pauvre. L'Esprit (l'âme) ne souffre pas, puisqu'il a l'assurance d'un prochain retour (dont la date est programmée !) dans son petit nid douillet avec un solide compte en banque.

Note : Ce qui n'a absolument rien à voir avec celle ou celui qui vit dans l'angoisse du lendemain avec, comme seule perspective d'avenir, celle de survivre !

Où est la souffrance, dans ce cas ?

Est-ce une expérience sincère ou du snobisme façon « bobo » (*) ?

(*) *Bobo : personne aisée se proclamant de gauche mais dont les actes sont contradictoires avec les valeurs qu'elle défend*

Concernant la personne qui s'est incarnée **volontairement** dans un contexte difficile, son but est de **COMPRENDRE** et d'avoir accès à la **CONNAISSANCE**.

C'est ce qui explique le refus, parfois violent, de certaines personnes d'être aidées.

Cette aide, elles l'ont refusée AVANT LEUR NAISSANCE pour vivre une expérience exaltante et enrichissante pour l'âme. *(Elles sont semblables à celles et ceux qui sont avides de connaissances et dévorent des livres du matin au soir pour APPRENDRE.)*

Les aider, c'est anéantir leur projet vital. Le projet de TOUTE LEUR VIE.

D'autre part, ces personnes ne savent pas qu'elles apprendront beaucoup plus qu'elles ne l'espéraient. (Dieu encourage toujours les bonnes âmes. Il leur fait des cadeaux somptueux, inestimables.) Ce type d'expérience fait obligatoirement boule de neige. La compréhension d'un principe entraîne celle d'un second, puis d'un troisième, d'un quatrième, et ainsi de suite.

En partant de la base de la pyramide (les multiples conséquences – **le Karma**), on remonte progressivement à la pointe (les causes, peu nombreuses – **le Dharma**).

C'est ça **l'Or véritable** : la **CONNAISSANCE** qui donne ce don précieux que seul Dieu peut accorder : **l'INTELLIGENCE**.

Responsabilité collective et individuelle

Lorsqu'une personne commet un acte répréhensible (crime ou délit), la Société bien-pensante s'indigne. Certains cherchent à expliquer l'acte : Passionnel ? Crapuleux ? Par nécessité ? D'autres condamnent sévèrement.

Or, dans tout acte individuel, la responsabilité collective est engagée.

Nous avons un exemple concret avec **les liens** sur **Internet**.
À chaque demande, le moteur de recherche fournit une longue liste (des liens) de sites qui contiennent des informations en rapport avec la question de l'internaute.

Il en est de même pour les pensées. **Chaque pensée est reliée à la personne qui l'a émise.** C'est pour cela que la responsabilité d'un acte délictueux ou criminel est copartagée (à des niveaux différents) par tous ceux qui ont émis cette idée.

Il faut savoir que dans le Monde de la Pensée (le Monde mental), les pensées nobles, comme les plus infâmes, émises par les êtres humains existent bel et bien. Elles n'attendent que l'occasion de se matérialiser par des actes. Plus l'intensité de la Pensée de l'émetteur est forte, plus la Pensée sera puissante et plus elle cherchera à se matérialiser en utilisant un véhicule humain (corps).

Certains êtres pervers ont la faculté d'émettre de très puissantes pensées extrêmement négatives tout en ayant la force nécessaire pour ne pas les mettre en pratique eux-mêmes.
C'est le cas de certains Mages négatifs qui pratiquent la Magie noire.

Dans le cas d'une pensée perverse puissante (en provenance ou non d'une opération de Magie Noire), cette dernière va rechercher un être humain plus faible d'esprit qu'elle. Pour le contraindre à matérialiser l'acte issu de cette Pensée.

Devenue plus forte par la réussite de sa matérialisation, cette Pensée recherchera d'autres humains pour pouvoir se matérialiser à nouveau.

C'est pour cela qu'avant d'émettre un jugement ou pire, une condamnation, soyons humbles et souvenons-nous des propos de Jésus :
« Pourquoi vois-tu la paille qui est dans l'œil de ton frère, et ne remarques-tu pas la poutre qui est dans ton œil à toi ? »
(Luc, chapitre 6, verset 41)

L'EUROPE et LA CRISE

L'Europe semble bâtie sur l'un des fondements de la Bible :
« Nous sommes tous frères »

L'idée peut paraitre belle, idéaliste, voire humaniste. En réalité, il n'en est rien.

Elle est basée sur des principes de l'Abîme. C'est le monde de l'argent, en réalité, qui est à l'origine de ce projet. C'est lui qui soutient tel ou tel candidat destiné aux plus hautes responsabilités d'un pays. Une fois élu, l'homme politique n'a d'autre choix que d'exécuter les volontés de ceux qui sont à l'origine de son élection et qui lui permettent également de s'enrichir, honnêtement ou frauduleusement, à titre personnel.

Nous voyons les effets catastrophiques de la réunion de pays d'évolution très différentes : Pays en grandes difficultés ou proches de la faillite, conflits de toutes sortes, aggravation des conditions de vie et du taux de chômage provoquant des drames familiaux (séparations, divorces, suicides…), les classes moyennes disparaissent peu à peu pour laisser la place aux très riches et aux très pauvres, etc.

Nous observons que d'immenses fortunes se construisent sur ce champ de ruine et de détresse humaine. Les promoteurs de l'Europe, responsables des profonds déséquilibres provoqués par cette initiative diabolique, se présentent en sauveurs. Ils multiplient des « aides » sous forme de crédits générateurs d'intérêts qui aggravent la situation des bénéficiaires mais permettent aux créanciers, une fois de plus, de s'enrichir sur le malheur des autres (un des principes clés de l'Abîme).

Au niveau du simple particulier, le parcours des victimes des crédits est connu. Un premier crédit pour améliorer une situation que l'on pense provisoire. Mais le crédit à un coût trop élevé. Alors on prend un second prêt pour aider au remboursement du premier. Puis un troisième pour rembourser les deux premiers, et ainsi de suite. Ce principe, pourtant connu mais ignoré volontairement car il engendre des profits considérables, a entrainé en France notamment une explosion du nombre de dossiers de surendettement depuis la création de l'Europe.

Car le coût de la vie a augmenté d'une manière exponentielle depuis la création de l'Europe provoquant des faillites, des fermetures d'entreprises, une augmentation du chômage, une pauvreté qui touche une plus grande quantité de personnes. Un emploi n'est même plus une protection contre la pauvreté car il est possible d'être salarié et pauvre en même temps, ce qui est un comble et met en exergue l'exploitation des ouvriers par certains employeurs.

Guerre économique

Cette super puissance (l'Europe) est en fait une entité, un égrégore (voir page 183), qui a pour fonction de se battre dans un contexte de guerre tous azimuts (finances, économie, commerce…). Des secteurs d'activité vivent de la crise, tels que les syndicats, les entreprises d'audit, les établissements financiers, etc…
C'est donc une puissance négative qui a pour fonction principale de lutter en faveur des grandes puissances de l'argent.

Mépris des peuples et injustices sociales

Après l'euphorie des premières années, les effets négatifs se sont fait ressentir au fur et à mesure que de nouveaux pays entraient dans l'Europe :

Déséquilibre des marchés financiers, déséquilibre des finances de certains pays dû à l'immigration massive et incontrôlée, aggravation du chômage, augmentation des crimes et délits, etc.
Des référendums ont été organisés puis abandonnés par les différents pays lorsqu'ils se sont aperçus que les peuples ne voulaient pas (ou plus) de cette Europe.

Toutes les couches sociales sont touchées. Les erreurs de gestion sont répercutées sous forme de charges supplémentaires supportées, dans un premier temps, par les plus modestes de chaque pays. Puis, peu à peu, les classes moyennes sont touchées également.

Impossibilité d'uniformiser les Lois et les conditions de vie

Du fait de l'inégalité d'évolution de toutes ces nations, envisager de voter des Lois communes et une économie européenne qui puisse convenir à tous est une pure utopie. À chaque tentative, les peuples se révoltent. Pour des raisons très complexes, qui sont propres à chaque pays.

En se référant au degré d'évolution des âmes et des peuples de l'Europe, il est impossible de donner les mêmes règles de conduite à des enfants de 7 ans, à des adolescents et à des adultes. Il est donc impossible ACTUELLEMENT, pour des raisons imposées par la

Justice Divine qui s'applique sur les peuples (Karma individuel et national), de diriger l'Europe comme un seul peuple.

Nous sommes tous frères, certes. Mais, comme dans une famille, il y a des grands frères et des petits frères (= degré d'évolution des âmes). Et tous n'ont pas les mêmes prérogatives, les mêmes devoirs et les mêmes droits. Les parents (Dieu) aiment tous leurs enfants, mais ils ne se comportent pas de la même manière en fonction de l'âge de chacun (= degré d'évolution des pays et des peuples).

Vases communicants

Des pays de niveaux différents ne peuvent s'unir car tout les sépare : La façon de gérer un pays, les Lois, les finances, l'économie du pays, la Justice, la mentalité, les mœurs, les croyances, etc.

Pour en revenir à la comparaison avec le milieu scolaire, vouloir gérer les différents pays qui constituent l'Europe sous la coupe d'un gouvernement supranational qui légifère pour l'ensemble de ces nations est aussi utopique que de tenter de diffuser un enseignement unique dans une seule classe composée d'élèves âgés de 7 à 25 ans !

En conclusion

L'idée d'unir des peuples n'est pas mauvaise en soi, mais elle est prématurée car l'écart de niveau d'évolution entre les pays est trop important.

À l'heure actuelle, la majorité des pays qui composent l'Europe sont en crise parce que la réunion de tous ces peuples VIENT TROP TÔT.

L'Europe, oui, mais pas maintenant.

Les différences de niveaux entraînent OBLIGATOIREMENT des RAPPORTS DE FORCE (mesures imposées) parce que **certains pro-européens ont décidé que l'Europe DOIT fonctionner bon gré mal gré.** Ce qui ne peut aboutir qu'à l'implosion du système par des réactions violentes des peuples (manifestations, révolte, guerre civile, révolution...).

LA VIOLENCE du système qui impose son diktat aux peuples ENGENDRE UNE AUTRE FORME DE VIOLENCE.
C'est la LOI DU TALION (voir page 49)

L'Europe se créera naturellement…

…lorsque les différents pays qui la composeront auront des niveaux d'évolution équivalents. Ce sera alors une Europe réellement **fraternelle**, basée sur la réunion des talents et non pas gouvernée par le monde de l'argent (finances, économie, commerce…) comme c'est le cas aujourd'hui.

Le monde de l'argent sous toutes ses formes n'engendre pas la paix, mais la **guerre** financière, la **guerre** économique, la **guerre** commerciale, la guerre des monnaies, etc… et surtout la **guerre** entre pays.

Toutes ces guerres provoquent l'anéantissement des petits par les superpuissances : Petits commerçants et petites entreprises anéantis par les grandes surfaces et leurs centrales d'achat. Par les multinationales. Avec les conséquences sur les « petits », les salariés de toutes catégories et les artisans ruinés qui viennent grossir les rangs des chômeurs.

Au cinéma, c'est l'image d'un monstre de la taille d'un building qui écrase tout sur son passage

Il n'y a rien de fraternel dans tout cela.

Le monde de **l'argent** est donc bien actuellement dirigé par **l'Abîme**. On appelle cela pieusement : La concurrence, la compétition entre entreprises, la saine émulation. Pour l'Abîme, tout est question de terminologie :

« **Concurrence** entre entreprises » pour **destruction** des entreprises concurrentes

« Quartiers **sensibles** » pour quartiers de **voyous**

« État de **réussite** différée » pour les **cancres** à l'école

« **Croissance** négative » pour **récession**

« **LIBERTÉ** » pour commettre toutes les **abominations**…

LA FIN « DU » MONDE

Les différentes annonces de la fin du Monde proviennent des sectes, des esprits sectaires et des fanatiques de diverses religions. Pour troubler l'Esprit (**plan mental**) de l'homme. À leurs yeux, le monde extérieur est dangereux, perverti et doit être anéanti par la colère de Dieu.

C'est évidemment une absurdité et ces affirmations sont inspirées par les Anges de l'Abîme qui, au début de la création, ont tenté d'anéantir la race humaine.

La réalité est toute autre.

Certes, le Monde est corrompu mais il évolue positivement. Le niveau général monte progressivement et l'Être humain en est maintenant au stade de la **Connaissance (plan mental) qui est l'Ennemi mortel du Mal**.

Nous voyons comment, au cours des siècles précédents, les Vérités occultes ont été de moins en moins enseignées, puis cachées, pour être finalement interdites (l'Inquisition) par ceux-là même qui avaient pour mission essentielle de la diffuser au Monde. Et comment l'Enseignement profondément occulte du Christ a été peu à peu déformé, édulcoré et vidé de sa substance. L'Ennemi s'est acharné pour inspirer la peur, la Terreur comme à l'époque de la terrible Inquisition où l'Inquisiteur était censé éradiquer le Mal alors qu'il était à son service par son ignorance des mécanismes Divins.

De nos jours encore, des Lois terrestres interdisent de parler librement de ce que les hommes et leurs âmes ressentent. De ce qui est expliqué dans le présent livre et dans d'autres ouvrages qui traitent de l'occultisme. Des associations, des sectes, des femmes et des hommes de toutes conditions veillent et sont au service de l'Ennemi. À l'affut de la Parole ou du Mot interdit par les hommes. Ils entretiennent la peur (Astral – les sentiments) en culpabilisant les hommes, à mots couverts et savamment choisis, de simplement penser (**plan mental**) aux Vérités divines.

La **CONNAISSANCE** nous parvient par le corps mental (**plan mental**) et logiquement c'est ce même plan (**plan mental**) qui est attaqué.

C'est par **l'ignorance** des mécanismes des Lois Divines (notamment la Loi du Karma et celle du Talion) que le Mal a pu s'enraciner.

C'est par la **Connaissance** de ces Lois et de leurs conséquences pour ceux qui les enfreignent que le Mal disparaîtra.

Quel être humain continuera à pratiquer le Mal en sachant que, contrairement aux Lois des Hommes, il n'existe aucune échappatoire ?

Qu'il subira dans sa propre chair ce qu'il a fait à autrui ?
Puis viendront la **compréhension**, le Pardon et l'Amour.

Ce sont donc bien les Anges de l'Abîme qui distillent ce venin, qui suggèrent la fin du Monde dans le but de provoquer des s**uicides collectifs** (**plan mental touché**) et qui tentent de continuer à régner par la Peur et les menaces.

Il est important de préciser que ces mensonges, concernant la fin du Monde, sont basés sur un fond de Vérité. À un mot près, qui change tout :

Il ne s'agit pas de la fin **DU** monde, mais de la fin **d'UN** monde (voir page suivante).
C'est la clé de voûte des mensonges inspirés par les Anges de l'Abîme : « Le tricot ».

Une maille à l'endroit (une Vérité) et une maille à l'envers (un mensonge).

Pour qu'un mensonge soit crédible, il doit contenir une part de Vérité. Cela dans le but de rendre très difficile la distinction du Vrai et du Faux, du Bien et du Mal.

De piéger les plus crédules.

L'Apocalypse de Jean ou la fin d'UN Monde

Tout d'abord, il faut savoir que le mot « **Apocalypse** » provient du grec apokalupsis qui signifie **révélation**.

Dans le langage populaire il est devenu synonyme de catastrophe épouvantable, de Fin du Monde à cause d'une mauvaise interprétation de l'Apocalypse de Jean.
En réalité, Jean annonce **la fin d'UN Monde** et non pas **DU** Monde.
La fin **d'un** Monde gouverné par l'Abîme (le Mal), d'un monde mensonger, perverti, immoral et criminel.

« Révélation de Jésus-Christ, que Dieu lui a donnée pour montrer à ses serviteurs ce qui doit arriver bientôt, et qu'il a fait connaître par l'envoi de son ange à son serviteur Jean, celui-ci a, comme témoin, annoncé la parole de Dieu et le témoignage de Jésus-Christ : Tout ce qu'il a vu. »
(Apocalypse, Chapitre 1, versets 1-2).

L'Apocalypse de Jean décrit la lutte du Bien contre le Mal jusqu'à son anéantissement complet. Les deux derniers chapitres décrivent la venue du Nouveau Monde et de la descente de la Jérusalem céleste sur Terre :

« Je vis un nouveau ciel et une nouvelle terre ; car le premier ciel et la première terre avaient disparu et la mer n'était plus… »
(Apocalypse, chapitre 21)

Il s'agit bien d'un Nouveau Monde qui remplace l'ancien.

De la même façon, les Hommes détruisent des demeures vétustes et dangereuses pour les remplacer par des habitations modernes, saines et équipées de tous les éléments de confort. Rien n'est totalement détruit. Tout se transforme…

C'est la peur de ce Jugement Divin et l'anéantissement des Forces du Mal qui en découle qui se traduit par les fausses annonces de la fin DU Monde.

Car, pour les Forces du Mal et leurs serviteurs, ce sera bien la fin DU Monde.

De LEUR Monde.

Sceau de Salomon et Pyramide

Pour bien comprendre ce qui va suivre, il est important de connaître la signification du Sceau de Salomon qui est composé de trois parties :

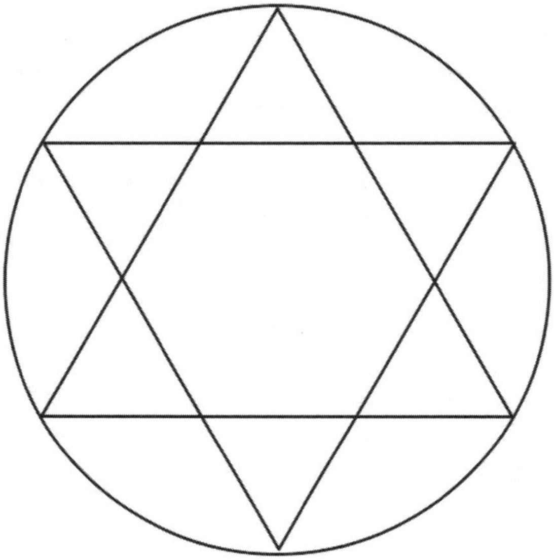

1. **Un cercle** qui symbolise Dieu, l'infini, puisqu'il n'a pas de début ni de fin.

2. **Un triangle, la pointe en haut**, qui symbolise les valeurs spirituelles.
Il représente également tout ce qui est supérieur, positif, ce qui élève.
La pointe est dirigée vers le ciel, le Monde Divin.

3. **Un triangle, la pointe en bas**, qui représente les valeurs terrestres.
Il représente également tout ce qui est inférieur, les occasions de chute.
La pointe est dirigée vers l'Abîme, le Monde des Lucifer

La signification générale du Sceau de Salomon est très vaste. Il n'est pas possible d'en faire la liste exhaustive. Il explique ce qu'est Dieu et l'Univers :

❍	Dieu (le cercle)		englobe l'univers
△	L'Homme : Son Esprit	▽	et son corps (s)
△	La spiritualité	▽	et la sexualité (s)
△	Ce qui est en haut	▽	est comme ce qui est en bas (s)
△	Le Monde divin	▽	et l'Abîme
△	Le Ciel	▽	et la Terre
△	La Jérusalem Céleste	▽	et la Jérusalem Terrestre
△	Le monde à venir	▽	et notre Monde inversé
△	L'infiniment grand	▽	et l'infiniment petit
△	Les 4 Mondes	▽	et les 4 corps
△	Etc…	▽	Etc…

Le premier triangle, pointe en haut dirigée vers le ciel, est l'image de la **Pyramide**.

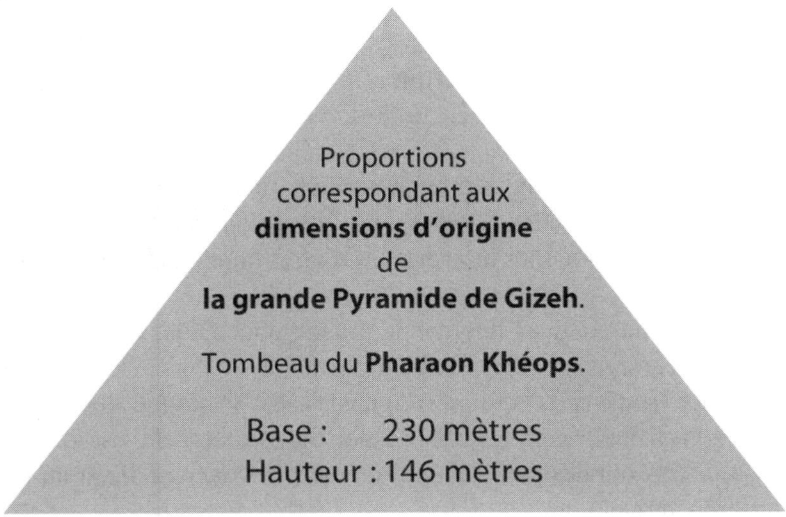

Les Égyptiens croyaient à la vie après la mort.

La pyramide, tombeau du Pharaon, était remplie de tout ce qui était censé lui être nécessaire après sa mort pour continuer à vivre dans le faste dans l'au-delà…

Anéantissement du Monde inversé

« Ainsi les derniers seront les premiers et les premiers seront les derniers » (Matthieu, Chapitre 20, verset 16)

Vous connaissez certainement cette phrase prophétique.
Mais quelle en est la signification profonde à notre époque ?

Pour cela, étudions les caractéristiques de notre monde moderne actuel.

Il est évident que l'Homme a fait des progrès considérables, techniquement parlant. Surtout depuis le début du 20ème siècle :
Engins **volants** (avions, hélicoptères, fusées spatiales…), **roulants** (voitures particulières, de compétition, de guerre, chars…), **flottants** (navires de plaisance avec équipements électroniques, navires de croisière, bateaux de sport ultrarapide – F1 du motonautisme de vitesse inshore – navires de guerre suréquipés…)

Moyens de **communication** et de **localisation** (Téléphones fixes et portables, cellulaires, ordinateur, internet, GPS…)

Moyens de **destruction** (missiles radioguidés, bombes simples, atomiques, nucléaires, drones avec armement…)

C'est prodigieux… et inquiétant à la fois. Il convient d'en faire un usage prudent car beaucoup de ces inventions sont à l'origine de destructions individuelles ou massives d'êtres humains (volontaires ou accidentelles).

De là à ce que l'homme se prenne pour Dieu, il n'y a qu'un pas… que certains ont franchi allègrement !

Ce sont ceux qui enfreignent sans vergogne les valeurs morales, spirituelles et Divines. Selon eux, tout cela est dépassé. Obsolète. Ce sont des faits datant d'un passé révolu à archiver au fond d'un tiroir fermé à clé.

Ce sont les mêmes qui, sous le couvert de « modernité », de « liberté » vont prôner tout ce qui est négatif (voir la liste des sujets traités page 103 et suivantes).

Notre Monde actuel, dirigé essentiellement par des êtres inspirés par l'Abîme, se présente sous cette forme :

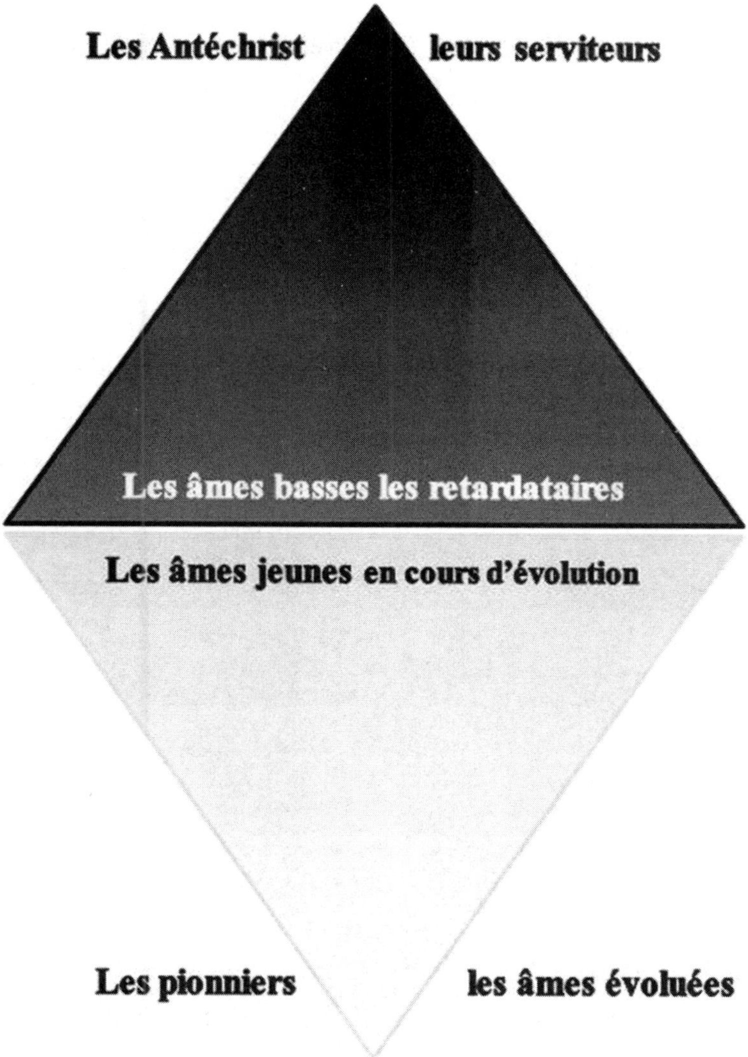

Cette situation n'est que provisoire, car la lutte du Bien contre le Mal est en cours et l'issue du combat a été annoncée par tous les prophètes, par Jésus et ses Apôtres.

Ce sera la Jérusalem Céleste qui descendra sur Terre.
L'image précédente sera donc inversée et donnera ceci :

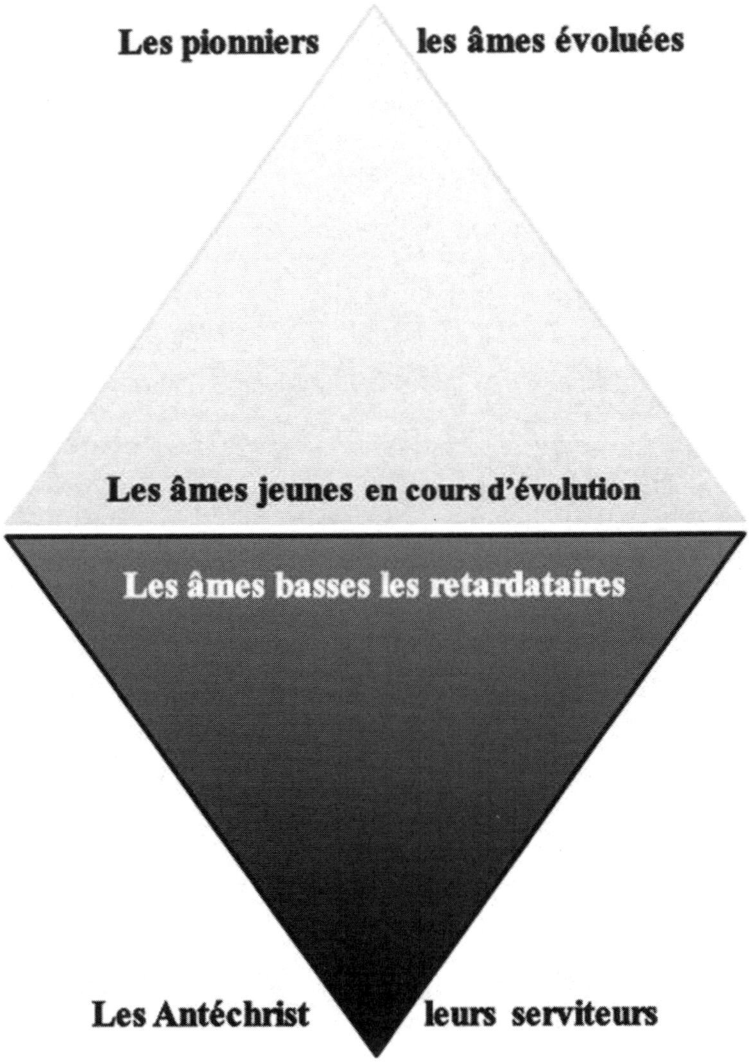

Cette démonstration, à l'exemple des Anges qui s'expriment par images, est très explicite. Elle montre POURQUOI la grande majorité des Homme corrompus tentent de maintenir l'Abîme au Pouvoir par tous les moyens !
Par la ruse, par la peur et par les menaces si nécessaire.

La seconde image, conforme à ce que sera la venue de la Jérusalem sur Terre, montre que **les Grands du Monde d'aujourd'hui seront les derniers du Nouveau Monde.**

Pour beaucoup d'entre eux, de nombreuses incarnations, faites de Souffrances parfois atroces, seront nécessaires pour épurer leur Karma négatif.

Ce dernier résultant de leurs actes directs (tuer ou commanditer un meurtre, par exemple) ou indirects (Lois iniques ou directives qui ont entraîné des morts par accident, suicide...) qui déclenche inexorablement la Loi du Talion (voir page 49).

C'est donc LEUR PROPRE PEUR de la fin de LEUR monde qu'ils projettent sur autres en les ACCUSANT d'être responsables de ce désastre (*). Ils espèrent que le DOUTE semé dans les esprits leur permettra de GAGNER DU TEMPS.

Autre arme de l'Abîme : Gagner du temps par tous les moyens pour rester en place !

Combien d'hommes politiques l'utilisent...

« Un bon politicien est celui qui est capable de prédire l'avenir et qui, par la suite, est également capable d'expliquer pourquoi les choses ne se sont pas passées comme il l'avait prédit »
Winston Churchill

*« **Il y aura des pleurs et des grincements de dents,** quand vous verrez Abraham, Isaac, Jacob et tous les prophètes dans le royaume de Dieu, et que vous serez jetés dehors. Il en viendra de l'orient et de l'occident, du nord et du midi ; et ils se mettront à table dans le royaume de Dieu. Et voici :*
Il y a des derniers qui seront premiers et des premiers qui seront derniers. »
(Luc, Chapitre 13, versets 28-30)

(*) *Les mauvais accusent toujours les autres d'être ce qu'ils sont eux-mêmes. La projection de la responsabilité du désastre sur les autres obéit au même principe. Le Diable, leur Maître, est le grand Accusateur.*
Tout le monde est responsable... sauf LUI !

LA FAMILLE

Le choix d'Abraham – Jésus – Notre choix

Premier Texte

Dans le livre de la Genèse (Chapitre 22, versets 1-13), Abraham est mis à l'épreuve par Dieu qui lui demande de prendre son fils Isaac (qu'il a eu alors qu'il était âgé de cent ans (Genèse, Ch. 21, verset 5)), et de l'offrir en holocauste en haut de la montagne.
Au moment où Abraham prend le couteau pour égorger son fils qu'il a attaché sur l'autel du sacrifice, un Ange lui ordonne de ne rien faire à son fils Isaac.
Il s'agissait, pour Dieu, de juger du degré d'obéissance d'Abraham.
Un bélier, découvert sur le lieu du sacrifice, servira d'holocauste à la place d'Isaac.

****

Second Texte

Jésus, dans « Le disciple et sa famille » nous dit qu'il est venu mettre la division dans la famille (Matthieu, Chapitre 10, versets 34-38).
« Ne pensez pas que je sois venu apporter la paix sur la terre ; je ne suis pas venu apporter la paix, mais l'épée. Car je suis venu mettre la division entre l'homme et son père, entre la fille et sa mère, entre la belle-fille et sa belle-mère et l'homme aura pour ennemis les gens de sa maison. Celui qui aime père ou mère plus que moi n'est pas digne de moi, et celui qui aime fils ou fille plus que moi n'est pas digne de moi, celui qui ne prend pas sa croix et ne me suit pas n'est pas digne de moi. »

****

Quel est le message commun dans ces deux Textes ?
Choisir entre Dieu et les hommes.

Nous devons toujours agir avec **Justice** et non avec le cœur.

- **La Justice**, c'est obéir à Dieu et à Jésus qui nous aiment, nous protègent et ne veulent que notre bien. Obéir à Dieu et à Jésus, c'est élever notre âme, acquérir les plus belles vertus et éviter les pièges des hommes. C'est mettre sur un même pied d'égalité un proche parent et un étranger quand il faut prendre une décision, juger ou prononcer un châtiment.
  Les Lois Divines sont éternelles. Les Lois des Hommes, d'une grande complexité et parfois contradictoires, tentent de résoudre des problèmes ponctuels sans y parvenir véritablement. Elles ne cessent de changer en fonction des époques, des circonstances et de la volonté des puissants du moment qui décident de ceux qui occuperont les plus hautes fonctions du pays. Ceux qui seront les marionnettes dont ils tireront les ficelles.

- **Le cœur,** c'est privilégier le lien affectif au détriment de ce qui est juste. C'est préférer les hommes à Dieu. C'est l'aveuglement, les ténèbres.
  Ne dit-on pas que l'Amour rend aveugle ?

Combien d'enfants manipulent [*] leurs parents au nom du lien affectif ?

Combien d'épouses ou d'époux manipulent [*] leur conjoint à ce même titre ?

Les liens affectifs et les croyances judéo-chrétiennes mal interprétées font partie des nombreuses faiblesses humaines que les manipulateurs savent habilement exploiter pour parvenir à leurs fins.

Combien de familles exècrent certains de leurs membres mais les aident tout de même au nom du lien affectif ? Certains vont même jusqu'à se rendre coupable ou complice des délits les plus graves, toujours au nom du lien affectif.

(*) *Livre conseillé : « Les manipulateurs sont parmi nous » Isabelle NAZARE-AGA (Les Éditions de l'Homme)*

Pourquoi devrions-nous accepter d'un proche ce que nous refuserions catégoriquement d'un étranger ? C'est le message qui est contenu dans les deux Textes.

Si nous décidons d'obéir à Dieu et à Jésus, nous devons nous détourner de toutes les personnes qui ne respectent pas les Lois Divines, fussent-elles des personnes chères à notre cœur.

Éduquer ses enfants c'est éduquer des âmes

« Qui aime bien, châtie bien »

Ce proverbe, très connu, est en fait une adaptation d'un passage de la Bible :

« Car l'Éternel réprimande celui qu'il aime, comme un père l'enfant qu'il chérit » (Proverbes, chapitre 3, verset 12)

Le début de l'apprentissage de la nouvelle incarnation (du nouveau-né) commence ici, avec ses parents. De la bonne ou de la mauvaise éducation, de l'assimilation des bons principes de base ou de leur ignorance, dépendra la construction de sa personnalité et de la direction bonne ou mauvaise qu'il prendra dans cette vie.

L'éducation doit reposer sur un juste équilibre entre la bonté (= le droit) et la sévérité (= le devoir). Or, sous prétexte de « modernité », la balance penche du côté de la bonté (le droit) au détriment de la sévérité (le devoir) qui est laissée au second plan, quand elle n'est pas purement et simplement abandonnée.

C'est la démission des parents. L'enfant devient un dictateur, un navire sans gouvernail qui erre au gré de ses passions. Devenu un adulte sans barrière morale, il risque de devenir un délinquant en puissance, un voyou de la rue ou en col blanc. Car en ne respectant pas ses parents, qui ne lui ont pas posé de limites, il ne verra dans les contraintes imposées par la société que des obstacles à la réalisation de ses désirs. Obstacles qu'il tentera de contourner en commettant des infractions ou des délits d'importance variable en fonction de son état d'esprit.

L'enfant qui naît dans une famille n'est pas le fruit du hasard. (Voir « comment l'âme prépare son incarnation » page 66).

L'enfant est avant tout une âme qui a un passé important en raison de ses nombreuses incarnations.

Cette âme a vécu des expériences en tant que fils, fille, frère, sœur, père, mère... Elle a commis des actes en tant que particulier ou dans l'exercice de sa profession qui ont eu des effets bénéfiques ou préjudiciables sur une ou plusieurs personnes. Voire sur une multitude, dans le cas d'une activité politique, par exemple.

Il est donc nécessaire de ne pas rester bouche bée devant cette énième merveille de la nature mais plutôt de songer à son éducation et du rôle qui est attribué à chacun : Le rôle des parents et celui de l'enfant. De réfléchir à ce qui les unit tous les trois.

Un lien existant en provenance d'une ou plusieurs vies antérieures ?

Il est nécessaire d'être JUSTE dès le début (équilibre entre la bonté et la sévérité) et de ne rien laisser passer en prévision du futur. Poser des limites tout de suite.

Là encore, il est nécessaire de prier pour soi au niveau mental et astral pour se protéger d'éventuelles manipulations (sur le plan astral = affectif) ou d'actions malveillantes de la part de l'enfant qui est avant tout une âme.

C'est la méconnaissance de cette vérité qui permet à l'âme de certains enfants ou adolescents de provoquer des bouleversements importants dans l'invisible qui se répercutent au sein de la famille sous forme de perturbations de toutes sortes : Zizanie (*) entre frères et sœurs, entre les parents, disputes d'intensité variable… Dans les cas les plus graves, l'enfant peut provoquer des dépressions nerveuses, le divorce de ses parents et l'implosion de la famille.

(*) *La zizanie est un écran de fumée derrière lequel le manipulateur se cache en proférant de fausses accusations (au niveau du corps mental) ou en détournant la conversation sur un terrain qui lui est plus favorable. D'accusé, il se transforme en accusateur. Les esprits s'échauffent, la colère éclate, le manipulateur a gagné une bataille (mais pas la guerre). Car la colère est une des armes de l'Abîme.*
Cas de manipulations détaillés dans « Les manipulateurs sont parmi nous » ***Isabelle NAZARE-AGA*** *(Les Éditions de l'Homme)*

Il s'agit là de cas extrêmes, certes, mais qui existent pourtant…

Par ces quelques lignes, nous pouvons avoir une idée de l'étendue des actions de l'âme. De l'enfant (ou adolescent) qu'il faut simplement raisonner et remettre souplement dans le droit chemin jusqu'à celui qui souhaite détruire la famille pour être libre de faire ce qu'il veut.

****

À sa naissance, l'enfant reçoit des influences planétaires qui peuvent être révélées par l'astrologie traditionnelle : La carte du ciel. Ces influences planétaires, positives ou négatives, sont transmises par l'intermédiaire du corps éthérique à l'être humain par les Archanges et les Anges correspondants à ces planètes. Chaque être humain reçoit donc des influences positives et négatives à sa naissance. Influences qui correspondent à la destinée choisie ou qui sont la conséquence d'un karma imposé (voir pages 48 et suivantes). Ce point de départ se situe dans la continuité de la précédente incarnation avec les récompenses méritées et les erreurs à réparer.

La carte du ciel permet de connaître le nom et le numéro (1 à 72) des trois Anges qui vont accompagner chaque être humain (ici, les parents et l'enfant). L'Ange du corps physique (appelé « Ange gardien »), l'Ange du corps astral et l'Ange du corps mental.

Ces trois Anges vont permettre de déterminer les faiblesses à combattre (Anges de l'Abîme) et les qualités à développer (Anges positifs).

On se rend compte tout de suite de l'extrême importance de ces précieux renseignements. Connaître ses forces et ses faiblesses c'est la possibilité qui nous est donnée d'évoluer en éliminant progressivement nos faiblesses en provenance d'erreurs commises dans nos vies antérieures et de développer notre potentiel positif. C'est la possibilité de nous « guérir » nous-mêmes.

Ce n'est ni plus ni moins que la formidable opportunité de réussir notre existence !

C'est cela l'Or que Dieu nous donne : LA CONNAISSANCE du Bien et du Mal.

La connaissance du Mal pour éliminer nos faiblesses par la **compréhension** des causes et des effets de nos actes.

La connaissance du Bien pour évoluer positivement et procurer du bien-être sur nous-mêmes et sur les autres.

*« **Tu aimeras le Seigneur, ton Dieu, de tout ton cœur, de toute ton âme et de toute ta pensée.** C'est le premier et le grand commandement. Et voici le second, qui lui est semblable : **Tu aimeras ton prochain comme toi-même.** De ces deux commandements dépendent toute la Loi et les prophètes. »*
(Matthieu, Chapitre 22, versets 37-40, également Marc 12.28-31, Luc 10.25-37, Romains 13.8-10)

LES ANIMAUX

« On peut juger de la grandeur d'une nation par la façon dont les animaux y sont traités. »
Gandhi

Les animaux ont un corps astral (voir page 24), et par conséquent ils éprouvent toute une gamme de sentiments et de sensations tels que : Amour, affection, joie, peine, dépression, envie, souffrance, douleur, peur, terreur…

Souffrance de l'insecte, dont nous voyons le corps se tordre dans tous les sens, souffrant atrocement, dévoré vivant par un prédateur qui le tient dans ses pinces.

Terreur de la mouche prise dans la toile qui se débat en voyant s'approcher l'araignée.

Terreur et souffrance du buffle étouffé lentement par la lionne qui tient sa gorge entre ses crocs.

Manifestation de joie du chien qui remue la queue, fait des bonds, tourne sur lui-même, aboie lorsque son Maître est de retour.

****

Au cours de ses différentes incarnations dans le monde animal, l'Âme affine de plus en plus ses sentiments.

Jusqu'à l'incarnation canine, étape la plus avancée dans le Monde Animal.

Le chien réunit les plus belles qualités de l'âme du Monde Animal :
Il est d'une Fidélité sans faille. Il suit son Maître partout, même dans les pires circonstances. Son Amour est totalement désintéressé. Il a des trésors d'affection à donner. Il est Sensible à la peine de son Maître qu'il vient consoler. Il a beaucoup d'aptitude à l'obéissance. Il est attentif aux souhaits de son Maître car il veut lui plaire par-dessus tout. Il est Courageux (de nombreux chiens ont sauvé des vies humaines spontanément). Il Aime les enfants. Joueur, il apporte joie et gaîté autour de lui. Il cherche à s'intégrer au sein de la famille par Amour.

Il est attiré positivement par l'Homme auquel il veut ressembler (car IL SAIT par intuition qu'il deviendra un Être Humain, dans une future incarnation). D'où l'importance de l'exemple positif que le Maître doit donner à son chien.

Cette liste de qualité n'est pas exhaustive. Ce sont toutes ces qualités que l'Homme doit chercher à développer chez son chien et non pas le côté agressif et brutal qui correspond à un retour en arrière, à l'involution. Non seulement l'animal doit évoluer en se débarrassant peu à peu de sa violence mais l'Homme doit également se débarrasser de son animalité, de ses bas instincts. **L'Amour réciproque fait évoluer positivement le maître et son chien.**

Ceux qui dressent leur chien pour le combat ou pour qu'il devienne dangereux sont des âmes basses qui n'aiment pas leur chien et qui cherchent à entraîner l'animal dans leur propre involution faite de violence, de cruauté et de méchanceté.

Et dans ce cas, il serait équitable de punir le Maître au lieu d'euthanasier le chien. L'animal ne fait qu'obéir à son Maître pour lui plaire.

Toutes proportions gardées, certains chiens sont meilleurs que des humains… hélas !

****

Les âmes évoluées, les pionniers du monde animal, nous donnent un spectacle étonnant, merveilleux et qui soulève nombre de questions auxquelles la Connaissance de l'occulte SEULE peut répondre.

Outre les animaux familiers traditionnels (chiens et chats principalement) dont nous connaissons les vertus, nous assistons à des scènes surprenantes :

Titre : La réaction d'un lion devant la personne qui l'a sauvé (*)
http://www.youtube.com/watch?v=oB9RRuR1Rm4
(un lion enlace tendrement et embrasse la femme qui l'a sauvé. Avec des marques d'affection stupéfiantes de la part d'un lion pour un être humain)

(*) *Voir l'explication de cette note et des suivantes en page 101.*

Titre : Tout simplement magnifique (*)
http://www.youtube.com/watch?v=LUOutjv6iks
(« Comment faire un calin avec un éléphant de mer » affectueux au possible)

Titre : EMOTION : Un gorille retrouve l'homme qui l'a élevé 5 ans plus tard (*)
http://www.youtube.com/watch?v=6h_fXcrHng4
(retrouvailles bouleversantes, pleines de tendresse)

Vous trouverez des milliers de vidéos sur internet qui montrent des animaux non domestiques et parfois dangereux qui extériorisent des sentiments d'affection, voire d'Amour, pour les êtres humains. **Cela prouve, d'une manière irréfutable, que les animaux sont capables d'éprouver des sentiments** (*).

La prise de conscience des réalités occultes et par conséquent de la proximité de l'âme de l'animal par rapport à la nôtre, de son caractère sensible et du respect qui lui est dù supprimera à l'avenir la consommation de toute viande animale, quelle qu'elle soit. Mais dans l'immédiat, l'élévation du statut de l'animal domestique et sauvage est freinée car elle pose de nombreux problèmes. Dans la mesure où un animal est reconnu comme un être vivant et sensible, de nombreuses activités risquent d'être mises à mal et susceptibles d'être poursuivies en justice pour maltraitance ou cruauté envers les animaux, comme par exemple :

La chasse, les abattoirs, les élevages d'animaux, l'agriculture, les élevages en batteries, la tauromachie, les expérimentations sur les animaux, les sacrifices d'animaux extrêment cruels dans certaines religions où, après avoir été égorgés, ils agonisent logntemps dans d'horribles souffrances avant de mourir…

Pour résumer, toute activité qui est susceptible de faire souffrir un animal.

Encore une fois, **L'INTÉRÊT** (voir page 112) des hommes politiques pour le sacro-saint électorat, pour accéder au POUVOIR, est plus fort que tout.

Plus fort que la souffrance animale… (Pour le moment).

*Note : **le SINGE** et **l'OURS** sont actuellement classés parmi les animaux. Ce qui est vrai en apparence, mais faux du point de vue occulte. Leurs âmes ont en fait été créées en même temps que celles des humains. Ils se sont arrêtés en chemin, installés dans un environnement et des rituels qu'ils trouvaient attrayants. La marche de l'univers ne s'arrêtant pas, ces deux espèces disparaissent progressivement. Leurs âmes seront bientôt contraintes de s'incarner dans des enveloppes humaines (corps) avec un retard phénoménale.*

(*) AVERTISSEMENT : CES VIDÉOS MONTRENT DES ANIMAUX ET DES SITUATIONS QUI, POUR L'INSTANT, RESTENT EXCEPTIONNELS. LA GRANDE MAJORITÉ DE CES ANIMAUX SAUVAGES DOIVENT ÊTRE APPROCHÉS AVEC PRUDENCE OU ÊTRE CONSIDÉRÉS COMME DANGEREUX. NE VOUS AVENTUREZ PAS A IMITER CE QUE VOUS VOYEZ DANS LES VIDÉOS. SEULS DES PROFESSIONNELS OU DES PERSONNES QUI ONT UNE GRANDE EXPÉRIENCE DU MONDE ANIMAL ET DE L'ESPÈCE PRÉCISE MONTRÉE DANS LA VIDÉO PEUVENT S'AVENTURER DANS CE GENRE D'EXPÉRIENCE QUI PEUT S'AVÉRER DANGEREUSE, VOIRE MORTELLE, SI ELLE EST RÉALISÉE PAR UNE PERSONNE INEXPÉRIMENTÉE.

CHAPITRE 2

LE POUVOIR NÉGATIF MONDIAL

POURQUOI PARLER DU NÉGATIF ?

Nous vivons dans un monde inversé dans lequel on tente de nous persuader que le Mal est la norme dans beaucoup de domaines.

Parler du négatif, du Mal, est **INDISPENSABLE**. C'est commencer à chercher pour découvrir, redécouvrir et rétablir la **Vérité** sous toutes ses formes.

Cette Vérité que les Forces négatives s'acharnent à dissimuler en utilisant des êtres humains corrompus et malfaisants qui s'efforcent d'empêcher la diffusion des vérités occultes qui nous concernent tous. Dans le but inavoué et inavouable de freiner l'évolution des âmes (voir Anéantissement du Monde inversé page 88).

Le but de ces humains corrompus est d'aggraver la situation mondiale (*) (ce qui se vérifie dans le temps par les faits) et de faire chuter les bonnes âmes. En échange de ces mauvaises actions, les Forces du Mal leur accordent des **Pouvoirs** matérialisés par une bonne situation, une vie confortable et la quasi-impunité face à la justice des hommes.

Ces pouvoirs ne sont pas éternels car **les Forces du Mal ne sont pas fidèles**. L'Élu d'un moment est un jour rejeté parce qu'il ne correspond plus au plan de l'Abîme. Alors cet humain malfaisant disparaît, aidé en cela par les amis d'hier qui multiplient les croche-pieds et les trahisons pour accélérer sa chute.

Il sera rapidement remplacé par celui qui, parmi tous les traîtres, a été le plus machiavélique. Le plus habile dans le Mal. Ce sera le morceau de choix, le Nouvel Élu auquel l'Abîme accordera des pouvoirs. Et comme son prédécesseur il tombera de la même façon, lui aussi, un jour prochain…

****

Lorsque nous approfondissons nos connaissances en étudiant les Saintes Écritures, nous constatons qu'elles ne contiennent pas que du positif, puisqu'elles sont à l'image de la Vie. Rien ni personne n'est exclusivement positif ou négatif en ce bas monde.

Par conséquent, l'étude du négatif est naturellement incluse dans ces ouvrages, ainsi que dans le présent livre.

Beaucoup d'êtres humains craignent le Mal. Ils en ont peur. Ils ne veulent pas le voir ni le connaître. Ils en constatent simplement les effets. Parfois effrayants.

Pourtant, ce n'est pas en évitant de regarder le Mal que le Mal ne les voit pas.

Ces personnes ne font pas le lien entre le Mal qui est en elles (sous forme de maladie, de malchance ou de pauvreté par exemple)

(*) *Il faut souligner que l'aggravation de la situation mondiale, qui est voulue par les entités de l'Abîme, nuit aux intérêts des humains qui l'ont provoquée et l'entretiennent. Ils sont donc obligés d'évoluer. Bien malgré eux. Cette évolution forcée provoque la chute brutale de ceux qui s'y opposent et le passage du négatif au positif de ceux qui prennent conscience de cette nécessaire évolution.*

et leurs faiblesses, portes immenses, qui ont permis au Mal d'entrer en eux.

Elles ont également des similitudes avec ces chats qui espèrent éviter le danger en traversant une autoroute à toute vitesse, en regardant droit devant eux, sans tourner la tête à droite ou à gauche. Sans réaliser le risque encouru d'être gravement blessé ou tué par un véhicule. Ils n'ont pas conscience du danger, pourtant réel !

L'attitude du chat est aussi peu adaptée pour éviter le danger que le comportement d'un grand nombre d'êtres humains pour comprendre et vaincre le Mal.

Pour vaincre le Mal, il faut le regarder en face ! Il faut **SE** regarder en face ! Le Mal ne fait que nous renvoyer notre propre image, comme un miroir. Il est évident que cette image ne nous plaira pas. La première réaction, Ô combien humaine, sera d'accuser le miroir ! De tenter de le briser ou de l'ignorer en lui tournant le dos.

Mais il faudra nous regarder dans le miroir de la Vérité un jour ou l'autre. Pour notre bien. Alors pourquoi ne pas le faire maintenant ?

La connaissance du Mal est nécessaire pour nous parfaire et améliorer notre existence, pour déjouer les pièges des mauvais et avancer dans la vie avec Confiance en Dieu et en nous-mêmes.

****

La Nature est constituée d'éléments complémentaires :
Le positif et le négatif, le Bien et le Mal, le blanc et le noir, le soleil et la lune, le jour et la nuit, l'homme et la femme, le feu et l'eau, l'air et la terre, l'été et l'hiver… Nous sommes sur Terre pour apprendre à distinguer et à comprendre ces complémentarités. Ainsi que leur utilité.

L'étude de l'occultisme, c'est la compréhension des CAUSES et des EFFETS qui en découlent naturellement, automatiquement, inexorablement.

La CONNAISSANCE des CAUSES évite de déclencher une situation dont on SAIT à l'avance qu'elle produira un résultat négatif.

Pour la CONNAISSANCE, deux voies sont possibles :

Celle de **l'Amour** (positif) et celle de la **Souffrance** (négatif).

LA VOIE D'AMOUR est la première qui est proposée à l'être humain. Une expérience positive est proposée par l'Ange Gardien à son protégé pour lui permettre de COMPRENDRE un fait, un évènement, une situation, la qualité des relations avec une personne... Et de remonter à son origine pour déterminer les causes profondes d'un échec, d'une réaction ou d'une conséquence que l'on ne comprend pas.

Il est très fréquent de mettre en œuvre un projet, une relation, avec les meilleurs intentions et de se rendre compte qu'en finalité le résultat est désastreux.

Il suffit parfois d'un grain de sable… qu'il faut savoir détecter et identifier.

C'est le but de cette première expérience. Si elle a échoué, d'autres expériences sont proposées, présentant la même épreuve mais sous des formes différentes. Ce n'est que lorsque toutes les tentatives de l'Ange Gardien ont échoué que ce dernier transmet son protégé à son frère de l'Abîme. Pour lui faire comprendre par la voie de la Souffrance ce qu'il n'a pas compris par la voie de l'Amour.

LA VOIE DE LA SOUFFRANCE est la deuxième solution proposée. Cette fois les épreuves sont imposées et douloureuses. Elles se succèdent avec, à chaque étape, une intensification des souffrances. Nul doute que l'âme de l'être humain capitulera en raison de la douleur insupportable infligée par les Entités de l'Abîme.
Entités qui, soulignons-le, sont des Maîtres en la matière.

Lorsque l'épreuve est réussie par la compréhension, la souffrance disparaît puisqu'elle n'a plus aucune utilité.

Quelque soit la voie choisie ou imposée, l'Âme aura assimilé de gré ou de force un enseignement qui lui était nécessaire… Car les épreuves ne sont pas déclenchées d'une manière anarchique et aléatoire.

Elles sont la **conséquence directe des erreurs** que nous avons faites, LIBREMENT, consciemment ou non.

Bien sûr, nous commettons tous les jours des erreurs. Mais elles représentent, pour nous, l'occasion extraordinaire de parfaire notre connaissance du monde Divin et de ses interactions avec la Terre. C'est voyager sur Terre avec un guide qui nous informe des avantages, inconvénients et dangers des lieux, des personnes, de TOUT.

Le Guide Suprême, c'est Dieu (l'Éternel).

Le « mode d'emploi » pour réussir sa Vie a été transmis par ses **Prophètes** et par **Jésus**.

Un Plan Universel a été établi par Dieu pour permettre à la Création d'évoluer à son rythme. Un Plan général comprenant la prise en compte de l'évolution des 4 règnes (minéral, végétal, animal et humain) a été conçu. L'évolution de l'Homme, doté du raisonnement et de l'Intelligence, a fait l'objet d'une attention toute particulière.

Un Ange Gardien est attribué à chaque être humain (ou un Ange de l'Abîme si l'âme est négative). Il « alimente » l'âme en fonction de ce qu'elle recherche, de ce qu'elle désire (positif = Ange Gardien / négatif = Ange de l'Abîme).
L'Ange n'impose rien. Il fournit ce que demande l'âme. L'Homme est libre et il décide lui-même de sa destinée. Il est donc pleinement responsable de ses pensées, de ses sentiments, de ses actes, du positif comme du négatif.

72 Anges ont été désignés pour répartir l'enseignement général spirituel et terrestre.

9 Archanges dirigent chacun un groupe de 8 Anges qui sont en affinité avec eux.

Des religions successives ont été instaurées avec des niveaux de compréhension adaptés. Chaque groupe d'âme de même niveau se regroupant naturellement dans la même religion. Comme sont réunis à l'école des enfants du même âge et de même niveau.

****

À propos d'enfant, voici une petite histoire qui va illustrer l'explication des trois périodes de l'évolution de l'Homme détaillées plus loin :

Un enfant joue dans le jardin de la maison familiale. Brusquement, il s'éloigne en direction de la porte du jardin. Sa maman l'appelle, lui demande de revenir mais il n'écoute rien. Il court vers la porte du jardin, l'ouvre et se retrouve sur le trottoir qui borde une route à grande circulation.

La maman le rattrape et le gronde très sévèrement. L'enfant pleure. Il ne comprend pas l'attitude de sa maman qui est pourtant si gentille d'habitude.

Puis surgit un énorme camion qui passe devant eux dans un vacarme assourdissant. L'enfant comprend alors que sa maman l'a sauvé d'un grand danger qui aurait pu lui être fatal !

✧ **La 1ère période** d'évolution, c'est **l'Obéissance**. C'est l'ancienne alliance qui contient les 10 commandements bienveillants de Dieu.

- *C'est l'enfant qui doit **obéir** à sa maman.*

✧ **La 2ème période**, c'est la nouvelle Alliance, c'est **l'Amour** que nous enseigne Jésus : « Tu aimeras le Seigneur, ton Dieu, de tout ton cœur, de toute ton âme et de toute ta pensée. Tu aimeras ton prochain comme toi-même. »

- *L'enfant ressent que c'est par **Amour** que sa maman l'a grondé. Elle a eu peur pour lui. Il devine qu'il a fait une bêtise. Mais laquelle ?*

✧ **La 3ème période**, c'est le troisième millénaire, c'est la **Connaissance**. Tous les livres qui traitent de l'occultisme et qui révèlent le sens profond des Vérités que Dieu et son Élu, Jésus, nous ont transmis.

- *L'enfant a acquis la **connaissance** grâce à cette expérience. Il comprend pourquoi sa maman a eu si peur. Cet énorme camion aurait pu l'écraser. Il aimait déjà beaucoup sa maman. Il l'aime encore davantage maintenant.*
  Et surtout, il l'écoutera quand elle lui donnera un conseil.

Cette petite histoire, volontairement très simple, permet de comprendre l'immense Amour que Dieu a pour nous. De la bienveillance et de la patience qu'il a pour nous, ses enfants terribles !

Avant de l'accuser de ce qui nous arrive (par notre faute), soyons humbles et acceptons la Juste Réprimande d'un Père qui nous aime, puisqu'il nous a créés.

D'un Père Bon et Juste.

Comme dans la petite histoire, cherchons la CAUSE (le Dharma) de nos ennuis. Nous constaterons que ce sont NOS FAIBLESSES qui en sont la cause.

****

Nous vivons actuellement la 3ème période de l'évolution de l'Homme.

Voici le détail de ces trois périodes :

1ère PÉRIODE : OBÉISSANCE. Dans l'Ancienne Alliance, Dieu ordonne aux Hommes de lui obéir en respectant ses 10 commandements.

(Exode, 20)

1. Tu n'auras pas d'autres dieux devant ma face. Tu ne te feras pas de statue, ni de représentation quelconque de ce qui est en haut dans le ciel, de ce qui est en bas sur la terre et de ce qui est dans les eaux plus bas que la terre.
2. Tu ne te prosterneras pas devant elles et tu ne leur rendras pas de culte ; car moi, l'Éternel, ton Dieu, je suis un Dieu jaloux qui punis la faute des pères sur les fils jusqu'à la troisième et à la quatrième (génération) de ceux qui me haïssent et qui use de bienveillance jusqu'à mille (générations) envers ceux qui m'aiment et qui gardent mes commandements.
3. Tu ne prendras pas le nom de l'Éternel, ton Dieu, en vain ; car l'Éternel ne tiendra pas pour innocent celui qui prendra son nom en vain.
4. Souviens-toi du jour du sabbat, pour le sanctifier. Tu travailleras six jours, et tu feras tout ton ouvrage. Mais le septième jour est le sabbat de l'Éternel, ton Dieu : Tu ne feras

aucun ouvrage, ni toi, ni ton fils, ni ta fille, ni ton serviteur, ni ta servante, ni ton bétail, ni l'étranger qui réside chez toi. Car en six jours l'Éternel a fait le ciel, la terre, la mer et tout ce qui s'y trouve et il s'est reposé le septième jour : C'est pourquoi l'Éternel a béni le jour du sabbat et l'a sanctifié.

5. Honore ton père et ta mère afin que tes jours se prolongent sur la terre que l'Éternel, ton Dieu, te donne.
6. Tu ne commettras pas de meurtre.
7. Tu ne commettras pas d'adultère.
8. Tu ne commettras pas de vol.
9. Tu ne porteras pas de faux témoignage contre ton prochain.
10. Tu ne convoiteras pas la maison de ton prochain ; tu ne convoiteras pas la femme de ton prochain, ni son serviteur, ni sa servante, ni son bœuf, ni son âne, ni rien qui soit à ton prochain.

2ème PÉRIODE : AMOUR - Dans la Nouvelle Alliance, Dieu envoie Jésus qui nous donne deux nouveaux commandements. Ils ne sont plus basés sur des interdictions, comme dans la 1ère période, mais sur des recommandations spirituelles et fraternelles destinées à positiver les relations entre tous les Êtres Humains sur la Terre.

1. **Tu aimeras le Seigneur, ton Dieu, de tout ton cœur, de toute ton âme et de toute ta pensée.**
2. **Tu aimeras ton prochain comme toi-même.**

(Deutéronome Chapitre 6 verset 5 / Matthieu Chapitre 22 versets 37-40)
Ces deux commandements résument tous les commandements de la première Alliance.

3ème PÉRIODE : CONNAISSANCE est le mot-clé de la troisième phase que nous vivons actuellement.
Il faut donc lire Des ouvrages d'occultisme POSITIFS qui font la synthèse entre le Spirituel et le terrestre.
Suite à la lecture de ces livres, que vous devez décider LIBREMENT, il faut vous forger VOTRE PROPRE OPINION.

C'est pour cela qu'il vaut mieux éviter, dans la mesure du possible, les grandes réunions qui traitent de tel ou tel sujet religieux ou occulte.

Lorsque plusieurs personnes agissent de concert pour influencer un esprit, il faut être très fort pour résister. Elles ne sont pas obligatoirement mauvaises ou négatives, mais il faut savoir que ce sont les ignorants qui veulent absolument CONVAINCRE qu'ils détiennent la Vérité.

La Vérité, chacun peut la découvrir. Il n'est pas nécessaire d'être en groupe pour cela. Il suffit de s'installer confortablement dans un endroit calme et de lire le livre **de son choix** tranquillement. Posément. À son rythme. **Et quand on en a envie**.

Puis méditer sur ce qu'on a lu. Sur l'effet de cette lecture sur nous. Impression d'un voile qui se déchire ? Révélation ? Confirmation de ce que l'on pensait ?

L'esprit est à la recherche d'informations. Voilà la véritable signification de ce passage biblique :

« Demandez et l'on vous donnera, cherchez et vous trouverez, frappez et l'on vous ouvrira »
(Matthieu, Chapitre 7, verset 7 – Luc, Chapitre 11, verset 9)

Et de :
« Mais l'heure vient – et c'est maintenant – où les vrais adorateurs adoreront le Père en ***esprit*** *et en vérité ; car ce sont de tels adorateurs que le Père recherche. Dieu est* ***esprit****, et il faut que ceux qui l'adorent, l'adorent en* ***esprit*** *et en vérité. »*
(Évangile selon Saint-Jean, Chapitre 4, versets 23-24)

Ce sont ces trois phases que tous les humains doivent assimiler pour **comprendre** l'origine de leurs erreurs (Dharma) afin de ne plus en subir les conséquences (Karma).

C'est par l'obéissance, l'Amour et la Connaissance que, tout naturellement, les êtres humains adorent ou adoreront Dieu.

L'INTÉRÊT GOUVERNE LE MONDE

Le monde est corrompu

« Fuyez les mondanités ! »

*« Puis un des sept anges qui tenaient les sept coupes vint, et il m'adressa la parole, en disant : Viens, je te montrerai le jugement de la **grande prostituée** qui est assise sur les **grandes eaux**. C'est avec elle que les **rois de la terre** se sont livrés à l'impudicité, et c'est du vin de son impudicité que les habitants de la terre se sont enivrés. Il me transporta en esprit dans un désert. Et je vis une femme assise sur une **bête écarlate**, pleine de noms de blasphème, ayant **sept têtes** et **dix cornes**. Cette femme était vêtue de **pourpre et d'écarlate**, et parée d'or, de pierres précieuses et de perles. Elle tenait dans sa main une coupe d'or, remplie d'abominations et des impuretés de sa prostitution. Sur son front était écrit un nom, un mystère : Babylone la grande, la mère des impudiques et des abominations de la terre. Et je vis cette femme ivre du sang des saints et du sang des témoins de Jésus. Et, en la voyant, je fus saisi d'un grand étonnement. Et l'ange me dit : Pourquoi t'étonnes-tu ? Je te dirai le mystère de la femme et de la bête qui la porte, qui a les sept têtes et les dix cornes. »*
(Apocalypse, chapitre 17, versets 1-7)

Dans cet extrait de l'Apocalypse, la **grande prostituée** représente la **prostitution d'esprit**, la plus grave. Elle pervertit ceux qui vont au plus offrant, qui sont près à toutes les trahisons et tous les crimes pour parvenir à assouvir leur soif de puissance. Les **grandes eaux** représentent les sentiments avec lesquels elle joue pour les assujettir à sa volonté. Les rois de la terre représentent les puissants de ce monde. Les couleurs pourpre et écarlate représentent l'élément feu avec lequel travaillent les êtres de l'Abîme (la passion, la colère…). Les sept cornes représentent les sept péchés capitaux et les dix cornes, les dix commandements qu'elle foule aux pieds.

****

L'intérêt, dans le sens de profit, est à l'opposé de ce qu'est Dieu (qui donne gratuitement sans rien attendre en retour) et par conséquent à l'opposé de ce que nous devons être.

Il n'est pas question, ici, de préconiser de travailler pour rien, gratuitement. Ce serait absurde et contraire aux Lois Divines. Il faut simplement être rétribué à sa juste valeur en exerçant le métier que l'on aime, si possible. Et fréquenter des personnes **en évitant de ne voir en elles que le profit que l'on peut en retirer !**

Dans le cas contraire, l'hypocrisie n'est pas loin. Avec son cortège de flatteries, flagorneries, bassesses et cadeaux intéressés de toutes sortes en faveur des personnes qui... rapportent. Ce sont les partisans du « On n'a rien pour rien » qui est à l'opposé du cadeau généreusement offert par Amitié, par Respect ou par Amour. Jusqu'au jour où ces personnes ne deviendront plus « intéressantes » en raison d'un licenciement ou de la perte d'un poste à responsabilité. Alors leur téléphone cessera de sonner et les « amis » hypocrites d'hier changeront de trottoir lorsqu'ils les apercevront dans la rue !

Certaines personnes, courtisées pour leur carnet d'adresses et leur influence (je viens de la part de...), savent à quoi s'en tenir au sujet des hypocrites qui les entourent. Parfois, ils parviennent même à manipuler des manipulateurs. D'autres tombent de haut !

Ce sont les « sincères-gentiment-naïfs » qui n'ont pas une Connaissance suffisante du Mal et du côté sombre de l'Âme humaine. Ils pensent qu'étant eux-mêmes sincères et gentils, ceux qu'ils fréquentent ont le même état d'esprit (preuve de leur naïveté). C'est par cette porte somptueuse que rentrent les manipulateurs. Ils mettront à profit les bons sentiments de leur proie. Ils offriront, d'une manière judicieusement dosée, le bon cadeau au moment opportun. Ce cadeau qui va émouvoir la proie et la rendre éperdue de reconnaissance. Vulnérable.

Un grand nombre d'êtres humains cherchent le profit, l'argent avant toute chose. Et l'argent viendra effectivement mais en provenance des Anges de l'Abîme. Contrairement aux Anges messagers de Dieu, ils ne donnent rien gratuitement. Il y a un prix (négatif) à payer. Sous forme de malheurs divers (maladies, accidents, pertes d'êtres chers, etc.). Chercher le profit à tout prix conduit à choisir un métier qui « paie » bien, même si ce n'est pas la profession que l'on aime particulièrement. On ne cherchera pas davantage à savoir si l'accomplissement de la tâche à réaliser est susceptible, directement ou indirectement, de nuire à autrui.

Bien souvent, ces personnes pensent (à tort) se décharger de toute responsabilité dans le malheur qu'ils ont causé à autrui en se retranchant derrière le fait que l'ordre provient des supérieurs hiérarchiques !
(Des dictateurs ont utilisé ce principe de cloisonnement des responsabilités).

C'est bien mal connaître la Justice Divine !

Chaque acte, bon ou mauvais, est enregistré et comptabilisé pour chaque être humain sans possibilité d'échappatoire. Pour chaque mauvaise action la Loi du Talion (voir page 49) et/ou la Loi Karma (voir page 51) entrent en action.

La notion d'intérêt est présente à tous les niveaux :

- ***Profession*** **:** *L'intérêt est évident. Que m'apporte ou me rapporte cette personne ? Emploi, augmentation de salaire, relations, argent, formation, promotion ?*
  Politique **:** *Les membres dirigeants d'un parti manifestent fréquemment leurs divergences d'opinions. Les joutes oratoires se succèdent. Les propos sont parfois cinglants, blessants. Pourtant aucun des protagonistes ne quitte le parti, la « famille politique», pour une raison essentielle.*
  Ils n'ont pas les mêmes buts, mais ont des intérêts communs : Se servir de la puissance du parti pour accéder au POUVOIR*.*
  Dans ces conditions rester membre du parti coûte que coûte, même en cas de profond désaccord avec l'orientation décidée par la majorité, démontre que ***l'intérêt personnel*** *passe avant toute autre considération.*
  On peut raisonnablement douter de l'intégrité de ceux qui agissent ainsi.

- ***Famille*** **:** *Dans certaines familles les cadeaux prennent une importance excessive, aussi bien du côté des enfants que de celui des parents.*
  Le cadeau est normal, sauf s'il devient une monnaie d'échange.

__L'enfant__ travaille alors __uniquement__ pour obtenir son cadeau (au lieu de le faire pour son propre bien, dans le seul but de se parfaire par l'acquisition de connaissances et par amour pour ses parents).
__Les parents__, modèles par excellence pour l'enfant, lui donnent le cadeau pour seul objectif (en cas de réussite à un examen, obtention d'un diplôme, etc.) Cet état d'esprit acquis au fil des années donnera plus tard un adulte dominé par l'appât du gain à tout prix et où __<u>l'intérêt</u>__ sera __l'unique__ élément moteur.

Ces exemples nous montrent les années-lumière qui séparent ces différents comportements avec celui de Dieu qui donne par Amour, gratuitement, sans rien attendre en retour.

LES LEURRES

L'Abîme inspire ceux qui sont à son service pour utiliser des leurres. Tout le monde sait qu'un leurre est un moyen d'attirer et de tromper. Mais... **Qu'est-ce qu'un leurre du point de vue occulte ?**

Lorsqu'une personne (ou un groupe de personnes, politique, financier, secte...) inspirée par l'Abîme est en difficulté ou dont les agissements répréhensibles sont sur le point d'être découverts, on utilise des leurres.

Le principe est de détourner l'attention DE L'ÂME.

C'est le **corps mental** (les pensées) qui est travaillé grâce à des égrégores puissants (Politique, finance, médias) (voir « Les égrégores » page 183).

Ce sont des « illusions » diaboliques. Des rêves éveillés. Les groupes politiques et financiers, relayés puissamment par les médias, focalisent l'attention du peuple sur des leurres pour masquer les véritables causes de la crise mondiale dont ils sont à la fois les responsables et les bénéficiaires.

Deux exemples de leurres :

LE RACISME ET LA XÉNOPHOBIE : Bouc émissaire par excellence, l'étranger est responsable de tout. Le racisme est alimenté puissamment par les associations qui sont censées lutter contre ce phénomène et qui, en fait, l'alimente avec force de publicité et comportement agressif. Elles participent à l'accroissement du phénomène et à la crédibilisation des groupes politiques et financiers qui le fustigent... En apparence seulement, car le désordre et les polémiques sont autant d'écrans de fumée derrière lesquels ils peuvent se dissimuler.

LE FOOTBALL : C'est un sport qui bénéficie de moyens financiers pharaoniques. Ce sont les « dieux du stade » qui sont adulés. Des nations entières vivent au rythme des matches en convoitant la récompense suprême : **Champion du monde.**

Mais que ce soit le racisme, la xénophobie, le football ou tout autre leurre, une fois la passion retombée, force est de s'apercevoir que la situation n'a pas changé. Tant sur le plan individuel, que national et mondial. Il ne reste de tout cela qu'une exaltation provisoire qui, en finalité, n'aura servi à rien d'autre qu'à se bercer d'illusions.

Le réveil sera difficile et parfois douloureux (corps astral = les sentiments).

LA VIOLENCE ENGENDRE LA VIOLENCE

Il est fréquent d'entendre des dirigeants d'entreprise ou politiques condamner la violence du peuple qui manifeste dans la rue. Cette violence dans la rue SE VOIT, alors que les manœuvres des décideurs, perverses et sournoises, touchent de plein fouet le peuple qui ne peut que subir ces décisions injustes.

Il est évident que la violence n'est pas une solution conseillée. Toutefois, elle est souvent la manifestation d'une grande détresse et l'ultime solution offerte au peuple opprimé qui ne peut se faire entendre des décideurs que de cette manière.

Les **Lois iniques** sont une violence

Le **non-respect de la volonté du peuple** est une violence

Le **chômage** est une violence.

L'insécurité est une violence

Les **impôts** excessifs sont une violence.

Détruire des entreprises par un excès de charges est une violence.

Les agriculteurs exploités ou ruinés par les centrales d'achat est une violence

Profiter de la pauvreté pour proposer des prêts avec **intérêts** est une violence.

Le surendettement (provoqué par des situations désespérées) est une violence.

Etc., etc… la liste est très longue, hélas !

LA VIOLENCE engendrée par les décideurs inspirés par l'Abîme ENGENDRE LA VIOLENCE *(manifestations avec confrontation aux forces de l'ordre, guerre civile, révolution, etc.).*

LA PEINE DE MORT

C'est une des nombreuses horreurs commises par les hommes au nom d'une certaine Justice et qui repose en partie sur la mauvaise interprétation de la Loi du Talion :
« Œil pour œil, et dent pour dent … » (voir page 52).

Nul n'a le droit de tuer, c'est évident. Pourtant, dans le monde, la Justice a condamné et ordonné l'exécution de nombreux êtres humains.

Et parfois à tort… Ce qui est effroyable.
S'il ne devait y avoir qu'un seul argument contre la peine de mort, ce serait celui-là.

Comment réparer une erreur judiciaire quand le condamné a été exécuté ?

Lorsqu'une personne commet un crime, la Justice humaine étudie les différents éléments qui sont à l'origine de cet acte. Ainsi que les circonstances atténuantes ou aggravantes qui détermineront la sentence prononcée (commanditaire, complice ou auteur du crime ? crime passionnel ou commis de sang-froid ? etc.)

Par exemple, le crime passionnel, comme tout autre crime, doit être condamné. Le meurtrier, sous l'influence de son **corps astral (les sentiments)** et en proie à un choc émotionnel intense, agit sans le contrôle du **corps mental (les pensées)** qui lui aurait interdit l'action fatale. Mû par une pulsion très forte et incontrôlable, le meurtrier tue sa victime.

Puis il se réveille dans un cauchemar. Il prend conscience de son geste et sa prison est déjà dans son esprit. Toujours sous l'influence de son corps astral incontrôlé, des sentiments violents s'agitent en lui. Il est tourmenté, désespéré, anéanti, puis en colère. Cette colère, mélange de désespoir et de sentiment d'impuissance face à l'irréversibilité de son acte, sera peut-être dirigée vers sa victime à qui il reprochera de l'avoir poussé à commettre l'irréparable. Il est possible qu'il retourne cette colère contre lui-même. Peut-être sous la forme d'un suicide (voir page 120).

Mais que penser de ceux qui, au nom d'une certaine justice, condamnent un être humain à la peine de mort ?

Ils prononcent un jugement qui aura pour conséquence un **acte similaire** à celui qui est reproché au condamné : Tuer un être humain. À la différence qu'il s'agit d'un acte mûrement réfléchi et accompli de sang-froid.

Il est possible qu'ils pensent appliquer la Loi du Talion. Mais dans ce cas, ils sont dirigés par l'Abîme.
La Loi du Talion s'appliquera ici sur ceux qui ont approuvé et voté cette sentence.

Dans une prochaine incarnation ils subiront la peine de mort.
C'est cela l'effrayante, la terrible et implacable Loi du Talion.
Subir dans son corps la souffrance que l'on a infligée à autrui.

Nous observons également une des grandes caractéristiques de l'Abîme : **L'obéissance aveugle au chef (à l'Autorité).**

Le Jugement étant prononcé, chaque personne ou groupe de personnes va exécuter sa part de « travail » ordonné par le Jugement.

Une machine terrible et aveugle se met en route.
De celui qui prononce le Jugement jusqu'à la main qui donne la mort (guillotine, chaise électrique, injection létale, pendaison, peloton d'exécution, hache ou sabre pour décapiter, etc.), chacun apporte sa pierre au macabre édifice.

Chaque personne ou chaque groupe effectue une ou plusieurs actions, bien délimitées.

Participant froidement à une action monstrueuse et en se déchargeant de toute forme de responsabilité par le fait qu'il (ou elle) ne fait qu'exécuter un ordre **en provenance d'une Autorité**.

Principe adopté par de grands dictateurs pour obtenir des massacres, des génocides.

Lorsque l'on tue un être humain, pour quelque raison que ce soit, les responsables directs ou indirects de cet acte interdit par un commandement de Dieu subiront la terrible Loi du Talion dans leur propre corps.

« Œil pour œil, dent pour dent… ».

LE SUICIDE

C'est l'un des drames les plus tragiques de notre société actuelle. Drames dont certains hommes de pouvoir (politique et autres, la liste est longue…) portent une très lourde responsabilité qui générera pour eux un karma négatif sévère, à la hauteur de leurs méfaits.

La course effrénée au profit est un des exemples les plus épouvantables qui met en exergue l'absence totale d'humanité de certains hommes (et femmes). Elle balaie tout sur son passage. Elle fait fi de la dignité humaine, du simple respect de l'autre et de la vie humaine en général.

Parmi les humbles, les pauvres, les laissés-pour-compte de la société, certains sont plus vulnérables que d'autres. Ignorant les vérités occultes qui nous régissent tous, ils ne peuvent plus supporter ce monde d'injustice qu'ils ne comprennent pas et qui ébranle leur Foi. Un monde dans lequel ils cherchent Dieu mais où ils rencontrent le « Diable » à chaque coin de rue. Dans les médias. Partout. (*) Un monde diabolique dans lequel ils ne se reconnaissent pas, dans lequel ils pensent (à tort) ne pas avoir leur place.

Ils ne réalisent pas que leur volonté de rejeter la partie perverse de ce Monde démontre leur Foi en Dieu. Leur volonté de suivre tant bien que mal les préceptes de Dieu. Mais ils n'ont pas la Connaissance. Alors, bien qu'aimant la vie mais épuisés physiquement et moralement, ils se suicident. Dans leur esprit, et dans leur esprit seulement, leur avenir est obstrué par un mur gigantesque. Infranchissable.

Le désespoir est une arme diabolique redoutable. Ne plus croire en rien… Donc, en Dieu non plus. Dans cet état d'esprit, qui peut nous sauver ? Personne !

(*) *L'Ennemi s'est emparé des principaux moyens de communication pour obtenir une unité dans l'information. Pour en interdire l'accès aux âmes évoluées qui ne manqueraient pas de dévoiler certaines vérités gênantes. Mais également pour donner l'impression que le monde entier parle d'une seule et même voix. C'est cette impression qui trouble l'esprit de ceux qui s'accrochent à leur Foi en Dieu. Or, ceux qui s'expriment ou qui travaillent dans les médias ne sont pas nombreux au regard de la population mondiale. Et* ***internet*** *permet de dévoiler ce qui devait rester secret.*

La dégradation des conditions de vie de la majorité des êtres humains sur terre (aspect financier mais également moral et affectif) profite à une minorité d'êtres malfaisants qui, sous des masques de charité, de bienveillance et de compassion sont les instigateurs, les promoteurs de cette désespérance généralisée.

Ils ont donc **intérêt** (voir ce chapitre page 112) à aggraver encore la situation pour se présenter en sauveurs et s'enrichir encore et toujours sur le malheur des autres.

****

Concernant les processus qui sont à l'origine du suicide sur le plan occulte, on peut dégager deux causes principales :

1. Certaines personnes, qu'il faut s'abstenir de juger, vivent des karmas (voir ce chapitre page 51) particulièrement difficiles. Ils pensent pouvoir y échapper en se suicidant. Ils n'ont pas compris que la raison profonde des souffrances qu'ils subissent, aussi épouvantables soient-elles, est de les conduire vers la CONNAISSANCE libératrice. C'est la clé qui ouvre la porte de leur prison mentale et terrestre.

2. D'autres, à la suite de la perte d'un être cher, pensent pouvoir le retrouver dans l'au-delà en se suicidant.

En réalité, le suicide n'apportera pas le résultat escompté dans les deux cas.

Dans le premier cas (karma difficile), la personne devra continuer dans l'invisible le karma qu'elle devait vivre sur terre, mais dans des conditions plus difficiles. Car sur terre il existe des périodes de repos, des moments d'espoir et de joie (même minimes) qui peuvent, dans certaines conditions particulièrement éprouvantes, atténuer provisoirement les souffrances. En cas de suicide, la souffrance est continue, 24h sur 24 et 7 jours sur 7, sans période de repos dans un environnement sombre, froid et effrayant. De plus, le Karma non accompli dans une vie se représentera dans l'incarnation suivante, durci (avec davantage de contraintes) et bien plus douloureux.

Dans le second cas (perte d'un être cher), la destination n'est pas la même pour une personne qui termine sa vie de manière naturelle et pour celle qui y met un terme volontairement. Elle ne rejoindra pas l'être cher et son intense désespoir sera le résultat de son erreur.

Ce qui est abominable, dans le mécanisme du suicide, c'est le processus de destruction du Mental (corps mental) qui est à l'origine de cet acte qui exprime le désespoir le plus absolu.

Ce plan mental (qui dirige les pensées) n'a pas encore été beaucoup travaillé. L'ère de la CONNAISSANCE a débuté depuis le troisième millénaire seulement. Il règne donc encore une grande confusion dans les esprits. Confusion que l'Ennemi met à profit pour « murmurer » à ce **corps mental** des horreurs (ce sont en fait des images).

L'Ennemi va travailler patiemment pour instaurer **le doute** chez sa future victime.

Voici, en substance, ses actions dans l'invisible :

- **Concernant l'existence de Dieu**, en premier lieu. Il s'agit d'une opération de destruction et par conséquent attaquer Dieu et tout ce qu'il représente est la priorité absolue. Sans la Foi et la Connaissance, l'homme ne peut pas se défendre contre les perversités de l'Ennemi. Ce dernier lui demandera alors comment il peut croire que Dieu existe dans ce Monde cruel et perverti où seuls les plus malfaisants règnent en Maîtres absolus. Dans un Monde où la Justice de Dieu est inexistante. Dans un monde où son Dieu l'a abandonné : Lui et tous les hommes. « Où est ton Dieu dans tout cela ? »

- **Concernant la valeur de la victime.** L'Ennemi lui fera remarquer tout ce qui est négatif en lui pour le dévaloriser. Il le traitera d'incapable, de médiocre en mettant l'accent exclusivement sur ses échecs qu'il énumèrera. Il lui demandera, en se moquant, quel avenir il peut espérer « avec ça » ?

Ces actions, qui se produisent dans l'invisible, expliquent les obsessions, les pensées négatives qui persistent jour et nuit. Les cauchemars. Les visions effrayantes. La victime, harcelée, ne voit plus qu'une seule solution pour mettre un terme à cette torture : Le suicide.

Ce qui, malheureusement, ne mettra pas un terme à ses souffrances.

Dans tous les cas de suicide, qui est un acte de désespoir, IL FAUT PRIER POUR EUX. Pour soulager leurs souffrances et leur redonner la Foi en DIEU qui permet de surmonter tous les obstacles, sans exception.

Cette action retombera en pluie bienfaisante sur celle ou celui qui prie ou fait prier (messe, par exemple) pour soulager la souffrance de cette âme.

L'EUTHANASIE

L'euthanasie est tout d'abord une infraction au 6ème commandement du Décalogue :
« Tu ne tueras point ».

La faiblesse humaine et la méconnaissance de l'occulte aboutissent à ce type d'action. Certains diront qu'il ne faut pas avoir de cœur pour refuser la mort à ceux qui souffrent. Une souffrance telle que la mort leur **PARAÎT** être une délivrance. Délivrance qui ne sera qu'apparente pour le malade et pour ses proches.

En réalité, la Souffrance sera seulement différée, car elle est nécessaire. Obligatoire.

Il s'agit, pour le malade, d'une opération de purification de l'âme très intense imposée par le karma négatif en provenance d'une ou plusieurs précédentes incarnations. Cela lui permet de « remettre les compteurs à zéro » en ce qui concerne des faits ou des évènements précis. Et, soulagé de ce poids, de prendre un nouveau départ dans de bonnes conditions dans sa future incarnation.

Cette purification est semblable à celle utilisée au moyen-âge pour stériliser (purifier) une plaie par le feu. Lorsqu'une blessure risquait de s'infecter, on plongeait un glaive dans un brasier jusqu'à ce que la lame rougisse et on la posait sur la plaie. La douleur était atroce mais cela évitait un mal bien plus grand : L'infection.

Aujourd'hui, on peut stériliser une plaie sans douleur. Il en est de même pour l'âme. Plus elle évolue positivement, moins le **corps physique** souffre. Les épreuves (les souffrances) d'une âme montent alors dans ses autres corps. La Souffrance est travaillée au niveau des émotions **(corps astral)**, puis des pensées **(corps mental)**.

L'euthanasie, réalisée au nom de la faiblesse humaine, soulage l'Homme. Mais pénalise l'âme et lui fait perdre du temps.

Un jour ou l'autre, l'âme devra subir cette opération de purification. Elle aura en mémoire le temps perdu à cause de cette euthanasie. Il est certain qu'elle ordonnera avec la plus grande fermeté à son enveloppe mortelle (l'Homme ou la Femme) de ne pas mettre un terme à sa vie volontairement. Ni directement, ni par une personne ou un moyen interposé. Comme certains malades refusent l'euthanasie, par intuition des problèmes pour leur(s) prochaine(s) incarnation(s).

LES MÈRES TUEUSES (infanticide)

Le meurtre d'un ou plusieurs enfants par leur propre mère est actuellement un mystère que seule la CONNAISSANCE des rouages occultes permet d'élucider.

Dans ce domaine précis, des psychanalystes ont tenté de donner des explications parfois intéressantes, mais incomplètes. Ils ne traitent que la partie émergeante de l'iceberg. Il faut remonter plus loin, dans les profondeurs de l'âme et de l'Ego (partie éternelle de notre être). Comprendre l'alchimie complexe formée par les faits qui proviennent de la vie (ou des vies) antérieure(s), de l'application de la Loi du Talion et du karma négatif qui en résulte.

Quels sont les mécanismes mystérieux qui poussent une mère exemplaire à commettre un ou plusieurs infanticides ? Une mère qui, jusqu'à la découverte de ce drame, élevait avec amour ses autres enfants.

Aucune mère tueuse ne peut, à ce jour, expliquer les raisons profondes qui l'ont poussé à accomplir ce geste monstrueux. Et pourtant, il y a souvent préméditation dans l'accomplissement de l'acte. Même si les faits semblent démontrer le contraire.

Les raisons occultes qui motivent cet acte sont les suivantes :

La mère, dans sa vie passée, était en contact avec l'enfant à venir ou qui vient de naître. Elle lui a causé un préjudice d'une telle gravité[*], qu'un lien karmique puissant relie les deux âmes (voir « règlement karmique » page 59). Cela signifie que l'ancienne victime (l'enfant) va obtenir réparation du mal qu'elle a subi dans sa vie précédente. Ce règlement karmique peut être la conséquence d'actes malveillants réitérés plusieurs fois par la mère, dans des incarnations différentes.

(*) *L'enfant de la présente incarnation a pu subir un préjudice financier très grave qui l'a conduit à la ruine ou au suicide (ruine financière d'origines diverses telles que : spoliation ou captation d'un héritage, manœuvres souterraines pour le ruiner, pour obtenir sa destitution d'un droit ou d'un titre légitime, atteintes graves à l'honneur par des propos diffamatoires, par exemple) ou bien la mère de la présente incarnation a été le commanditaire ou l'exécutant de son meurtre dans la précédente incarnation.*

Si la mère a pris la vie de cet être dans la vie précédente, la Loi du Karma l'oblige à lui redonner la vie en étant sa mère. **La Loi du Talion** permet à cet enfant à venir, ancienne victime, de se venger de son ancien bourreau (sa mère dans cette incarnation) en lui faisant subir les mêmes souffrances.

C'est ce qui explique les vives tensions qui existent parfois entre la mère et un ou plusieurs de ses enfants.

****

L'âme de la mère est avertie de l'arrivée de l'enfant avant même sa conception.

Dans la majorité des cas, les âmes des enfants à venir choisissent les parents qui peuvent accepter ou refuser au niveau de leur âme la venue de cet enfant.

Lorsque les parents ont donné leur accord (au niveau de l'âme), l'enfant est conçu à un moment bien précis pour qu'il naisse avec les influences planétaires nécessaires à son évolution (voir page 66 « Comment l'âme prépare son incarnation »).

Dans le cas d'une mère tueuse (qui fut un bourreau dans la vie précédente), l'âme de la mère est simplement informée de la venue de l'enfant qui a un **règlement karmique** avec elle. Elle ne peut pas empêcher la conception de l'enfant (qui se produira d'une manière ou d'une autre) car elle est responsable du karma qu'elle a provoqué avec cet enfant (son ancienne victime).

L'Être Humain étant libre de ses choix, il déclenche naturellement des causes (Dharma) dont il doit ensuite assumer les conséquences (Karma). La mère peut donc décider d'accepter son karma négatif, de tuer l'enfant avant sa naissance (IVG) ou peu de temps après, lorsqu'il est encore sans défense.

Certains règlements karmiques sont prévus pour durer pendant toute la vie de la mère. Cette dernière devra subir les mêmes préjudices qu'elle a causés à l'enfant si ce dernier le souhaite (voir ci-dessous).

La Loi du Talion est une possibilité offerte à l'ancienne victime de se venger de son ancien bourreau. Ce n'est pas une obligation, ni un mécanisme automatique et aveugle. L'ancienne victime a le choix entre la vengeance ou le PARDON qui correspond à l'Amour, l'arme suprême…

Le but final recherché étant, pour le bourreau, de prendre conscience du mal qu'il a fait et d'en éprouver des regrets sincères. Pour la victime, de prendre conscience des faiblesses qui l'ont livrées dans les mains du bourreau.

L'âme de la mère tueuse, refusant ce règlement karmique, va demander à sa personnalité mortelle de passer à l'acte. Tuer l'enfant qui, dans tous les cas, va générer une gêne, des entraves ou des restrictions dans la vie de la mère.

Dans le cas d'une vie bien réglée pour la mère (aisance financière, vie facile, etc.), l'effet du règlement karmique **peut** avoir des conséquences catastrophiques.

Si la mère décide d'accomplir l'irréparable, elle aura l'impression d'avoir résolu un problème. Ce ne sera que le report de l'échéance.

En effet, la même situation (la naissance de l'enfant) se reproduira avec une aggravation considérable du Karma causé par ce meurtre.

Le karma se sera durci et les souffrances seront beaucoup plus douloureuses.

La mère sera, cette fois, contrainte d'accepter son karma.
Elle n'aura aucune possibilité d'attenter une nouvelle fois à la vie de cet enfant qui bénéficiera d'une protection occulte toute particulière (son Ange Gardien).

L'ensemble de ces expériences permettra aux deux âmes de comprendre l'origine profonde de leurs erreurs, de leurs faiblesses.

Dans tous les cas de meurtre, il y a toujours une part de responsabilité de la victime : Imprudence, manque de discernement, naïveté, provocation, colère, insultes, menaces verbales, par exemple.

Ces erreurs ou faiblesses ont influencé négativement le meurtrier qui, en d'autres circonstances, ne serait pas passé à l'acte.

Il ne nous appartient pas de juger et encore moins de condamner qui que ce soit.

La raison de notre venue sur terre est de vivre des expériences.
De comprendre les causes et les effets de toutes choses pour avoir accès à LA CONNAISSANCE du BIEN et du MAL.

L'IVG
(Interruption Volontaire de Grossesse)

L'IVG (l'Interruption Volontaire de Grossesse) est une infraction au commandement de Dieu : « Tu ne tueras point ».

Il est étrange de constater que la justice des hommes, Ô combien faillible, condamne une mère qui tue son bébé ou son enfant, mais à l'opposé lui donne le droit par force de Loi de tuer son enfant **avant** la naissance (subtilité de la Loi des hommes).

Car c'est bien de cela qu'il s'agit.
La Science a prouvé que le point de départ de toute vie humaine est la fécondation de l'ovule de la femme par le spermatozoïde de l'homme. Si le processus n'est pas interrompu, un enfant naitra.

L'IVG interrompt ce processus, et par conséquent **TUE** l'enfant à venir.

Quand à débattre jusqu'à quel stade de l'évolution du fœtus la Loi peut autoriser l'IVG… Autant proposer un débat sur les conditions légales qui accorderaient à une maman le droit de tuer son enfant !

Nous constatons que lorsque l'on parle d'un enfant qui est né, bien identifiable, avec un corps visible, le fait de lui ôter la vie est considéré comme un acte monstrueux !
Tout le monde dira à juste titre : *« tuer un enfant. Quelle horreur ! »*.

Mais lorsqu'il s'agit d'un fœtus, alors on agite les manches, on discute, on évalue, on réfléchit, on intellectualise la chose… Mais la réalité est là :

L'IVG, c'est tuer un être vivant. C'est tuer un futur bébé qui deviendra enfant, puis adulte avec ses joies, ses peines… Avec SA vie qu'il ne connaîtra jamais.

Certains argumentent qu'il s'agit du droit de la femme de disposer de son corps. **Mais en pratiquant l'IVG, la femme ne dispose pas QUE de son corps. Elle dispose de la VIE d'un autre être humain : Celle de son bébé à venir !**

Qui s'occupe du désir naturel de vivre de cet être humain, même s'il n'est qu'à l'état de fœtus ? L'homme se prend pour Dieu et commet parfois en son Nom des monstruosités. Monstruosités que Dieu n'a jamais commises et ne commettra jamais. Car Dieu Aime les hommes puisque c'est Lui qui les a créés.

Il n'est nul besoin d'avoir de grandes connaissances religieuses ou ésotériques pour savoir que l'IVG est une pratique diabolique en provenance de l'Abîme. Car le but de l'Abîme est d'anéantir la Création (la Terre et tout ce qu'elle contient).

RACISME ET XÉNOPHOBIE

Mécanismes qui sont à l'origine du racisme

Le racisme et la xénophobie ont deux origines :

L'ignorance ou, au contraire, la parfaite connaissance des mécanismes pour s'en servir d'une manière négative.

L'ignorance donne lieu à des raisonnements simplistes, souvent erronés, accompagnés parfois de réactions violentes et aveugles, voire criminelles.

La parfaite connaissance des mécanismes permet à certaines personnes malintentionnées (Mages négatifs, sectes et hommes de pouvoir, notamment) de créer des situations calculées pour être explosives **dans le but de faire diversion**.

Ils organisent secrètement les circonstances qui vont favoriser la confusion générale et les conflits tout en proclamant avec force qu'ils les condamnent avec la plus grande fermeté. Ce qui leur permet de tenter de masquer des mauvaises actions qui, dans un climat serein, seraient rapidement détectées.

Malgré toute cette stratégie négative, des « affaires » et des scandales sont mis au grand jour du fait que, comme il est dit dans l'Apocalypse de Jean, la Bête (Satan, le Diable) est blessée.

« Et (je vis) l'une de ses têtes comme frappée à mort, mais sa blessure mortelle fut guérie. Remplie d'admiration, la terre entière suivit la bête. »
(Apocalypse de Jean, chapitre 13, verset 3)

****

Tous les êtres Humains (comme les animaux, les végétaux et les minéraux) ont une âme (du latin « anima » qui signifie animé).
Toutes les âmes humaines ont été créées en même temps. Cela s'appelle une « vague de vie ». Elles se sont ensuite dispersées recherchant chacune, selon leur propre esprit, la compréhension des Lois Divines qui régissent la Création. Pour parvenir un jour à l'Illumination et à la Connaissance Suprême.

Toutes les âmes n'évoluent pas de la même manière, ni à la même vitesse. Certaines s'attardent dans des situations qu'elles trouvent agréables. Elles flânent. Tandis que d'autres, avides de nouvelles connaissances, progressent très rapidement.

Il s'ensuit qu'à notre époque des âmes très avancées et d'autres qualifiées de « retardataires » se sont incarnées simultanément..
De la même façon, des êtres humains de tous âges coexistent à tout instant sur terre.

Chaque âme trouve dans le pays dans lequel elle naît, mais également la ville, le quartier, la famille, la religion, la profession, etc. tous les éléments qui lui permettent d'évoluer à son rythme.
Chaque pays correspond à un certain niveau, comme dans une école. Niveau maternelle, sixième, terminale, fac, etc.

Dans le monde entier, des âmes très évoluées s'incarnent pour donner de bonnes directions aux âmes retardataires et stimuler leur avancement.

À l'image du Christ lors de sa venue sur Terre.

Dans tout cela il n'y a que Bienveillance, Altruisme et Amour.

****

Prenons maintenant deux exemples concrets :

Nous trouvons normal qu'un enfant d'environ 11 ans soit en classe de 6ème et qu'un adolescent d'environ 15 ans soit en seconde.

De la même façon, deux âmes qui n'ont pas le même niveau s'incarneront logiquement dans des lieux différents. Permettant ainsi à chacune de trouver un contexte favorable à son évolution (comme expliqué en pages suivantes).

Exemple N°1
Imaginons qu'un élève de 6ème décide de son propre chef de suivre les cours de seconde. Il retardera son évolution car il ne comprendra rien au cours, ce dernier n'étant pas adapté à son degré de compréhension. Deux solutions s'offrent à lui :

1) Partir et réintégrer sa classe de 6ème
2) Rester et utiliser tous les moyens, notamment la tricherie, pour obtenir de « bons » résultats apparents.
   Dans le second cas, des élèves de seconde mécontents de ces agissements ne manqueront pas de dénoncer le fautif qui, grâce à des subterfuges, fait croire qu'il est leur égal.

Résultat : Situation conflictuelle.

****

Exemple N°2
Imaginons la situation inverse. Un élève de seconde décide de suivre les cours de 6ème. Il sera un super champion, mais il retardera son évolution puisqu'il n'apprend plus rien de nouveau.
Deux solutions s'offrent à lui :

1) Partir et réintégrer sa classe de seconde
2) Rester et obtenir sans gloire de très bons résultats
   Dans le second cas, des élèves de 6ème mécontents de se voir spoliés de la place qui devrait leur revenir de droit ne manqueront pas de le dénoncer.

Résultat : Situation conflictuelle.

****

Nous voyons donc, par ces deux exemples, que chacun doit rester à la place qui lui correspond pour évoluer favorablement dans un contexte adapté.

Nous constatons également qu'un déplacement non mérité, c'est-à-dire contraire aux Lois Divines, est générateur de situations conflictuelles.

De plus, l'âme moins évoluée (l'élève de 6ème) qui s'impose à une âme plus évoluée (l'élève de seconde) est continuellement assistée par elle. Elle sollicite de l'aide en permanence puisqu'elle n'est pas apte à suivre les cours de seconde. Et si cette aide lui est refusée, elle trichera, elle volera même, peut-être avec violence. De ce fait, elle peut devenir dangereuse **parce qu'ELLE NE COMPREND PAS ce refus**. Elle veut avoir les mêmes **DROITS** que les autres. En oubliant toutefois les **DEVOIRS** dont ces droits découlent (suivre une progression naturelle, non forcée).

Enfin, dans les deux cas, la **facilité** est privilégiée soit par l'assistanat permanent pour l'élève de 6ème, soit par un retour en arrière pour l'élève de seconde. Cette facilité va développer de la négativité sous forme de **PARESSE** et par l'absence de combativité, dans les deux cas.

Or, nous le savons, LA VIE EST UN COMBAT DE CHAQUE INSTANT.

Mais les véritables responsables ne sont pas nos deux tricheurs. Ce sont ceux qui les laissent faire.

Dans ces deux cas, ce sont les Professeurs (les dirigeants politiques, les hommes de pouvoir) des deux classes qui doivent rétablir l'ordre en intimant aux élèves fraudeurs de retourner dans leurs classes respectives.

Il est évident que, dans le cas où ces déplacements ne concerneraient pas un seul mais plusieurs élèves, cela générerait des conflits beaucoup plus graves pouvant aller jusqu'à des violences physiques.

Lorsque l'on comprend tout cela, les situations deviennent plus claires.

Il n'est nul besoin d'être devin pour prévoir les conséquences des migrations en tous sens qui se produisent actuellement dans le monde.

Les tensions ainsi créées vont inéluctablement générer des situations conflictuelles très graves (au niveau des âmes) et des évènements violents, dramatiques tels que : Meurtres individuels ou collectifs, guerres civiles, guerres, génocides, etc.

Le choc des cultures

Lorsqu'une personne (et son âme), par ses efforts et par son amélioration, mérite de migrer dans un pays plus évolué le changement s'effectue sans heurt.

Comme un bon élève qui mérite, par ses bonnes notes, d'être accepté dans une école prestigieuse.

Le migrant aimera naturellement ce nouveau pays et toutes ses caractéristiques : Le peuple et ses coutumes, ses traditions, son Histoire, l'Art, la littérature, l'architecture, les monuments... Il aura également à cœur de respecter les Lois spécifiques du pays d'accueil.

C'est le même principe qu'un élève qui change d'école. Il y a un règlement, propre au nouvel établissement, qu'il faut respecter sous peine de sanctions ou de renvoi.

Par le simple fait d'AIMER ce nouveau pays, il deviendra de plein droit un citoyen à part entière. Il fera partie du nouveau peuple qui l'adoptera naturellement.

Dans le cas d'une âme qui cherche à fuir son Karma négatif, son comportement sera différent. Il migrera dans le nouveau pays avec un état d'esprit rigide. Il souhaitera continuer à vivre selon les coutumes de son pays d'origine et tentera de les imposer dans le pays d'accueil.

Il se produira LE CHOC DES CULTURES avec ses conséquences dramatiques.

Pour plus de clarté, prenons un exemple :

Monsieur X accepte de loger gratuitement Monsieur Y dans son appartement. Au début, tout se passe bien. Puis Monsieur Y commence à voler Monsieur X et à lui imposer ses préférences sur l'heure du lever et du coucher, l'alimentation, la décoration, les fêtes nocturnes qui empêchent Monsieur X de dormir, etc.

Nul ne doute que Monsieur X se mettra en colère et expulsera Monsieur Y.

Le problème majeur est donc le **COMPORTEMENT** et **L'ÉTAT D'ESPRIT** de la personne qui migre vers un autre pays, indépendamment de toute autre considération.

Guerre civile en France

Différents spécialistes entrevoient la possibilité d'une guerre civile en France. Elle est malheureusement inéluctable, sur le plan occulte. C'est évidemment l'horreur absolue. Car la guerre civile est plus destructrice qu'une guerre entre deux pays. Il n'y a plus de Lois, plus de barrières. C'est le moment propice, pour certains, d'assouvir de basses vengeances, de profiter du désordre pour régler leurs comptes. C'est une guerre fratricide.

C'est pour cela qu'il est conseillé d'avoir « de bons amis là-haut » lorsque ces évènements se produiront (c'est-à-dire prier les Anges pour obtenir leur protection – voir la dernière partie « comment vaincre le Mal » pages 193 et suivantes).

Lorsque le Peuple est acculé dans ses derniers retranchements, lorsqu'il est indigné par trop d'injustice, alors il se révolte et des évènements aussi tragiques et sanglants que ceux qui se sont produits pendant la Révolution Française se répètent.

Alors que tous les clignotants virent au rouge les uns après les autres, on continue comme si de rien n'était en prétendant haut et fort que « tout va bien »… en comparaison d'autres pays. Quel réconfort !

Mais cela également est une des caractéristiques de l'évolution des âmes.

Il faut souvent aller au bout des choses pour vérifier que les « prédictions » sont exactes. Sinon, comment en être certain ?
En conclusion, toutes les actions des Hommes (Dharma) ont leurs conséquences (Karma).

Quel que soit le titre, la fonction ou le niveau social attribué par les hommes, chaque être humain portera sur ses épaules le poids de la responsabilité de ses bonnes ou mauvaises actions.

Il en subira les conséquences positives ou négatives dans sa (ses) prochaine(s) incarnation(s).

LA SEXUALITÉ

La sexualité est devenue une véritable institution dans notre société. Elle est présente dans tous les domaines. Le phénomène a pris une telle ampleur que le critiquer, ou simplement l'évoquer peut paraître « ringard », « Has-been ». Et pourtant…

Les médias (Internet, Télévision, cinéma, magazines, radio…) et les producteurs de tous bords assurent la promotion de la sexualité qui est synonyme de ventes, de bénéfices et d'audimat. Peu importe la morale.

Ils utilisent pour cela une liste impressionnante de moyens de diffusions massives :

Photos, vidéos, films amateurs et professionnels, érotiques et classés X avec des perversités en abondance, magazines papier, livres, reportages choc tv ou papier, émissions de télévision, publicités suggestives ou basées sur l'immoralité, émissions de radio, panneaux publicitaires dans la rue… Sans oublier Internet où la vigilance des parents est mise à rude épreuve pour empêcher leurs enfants de visionner des scènes choquantes, voire traumatisantes.

À tel point qu'il est aujourd'hui impossible de passer une journée sans voir ou entendre quelque chose en rapport avec la sexualité.

Là encore, le **plan menta**l (les pensées) est attaqué de plein fouet. Outre le fait de choquer ou traumatiser des jeunes, toute cette sexualité débridée alimente les esprits en négativité. **Elle peut favoriser le passage à l'acte de certains esprits faibles. Notamment les viols dont les médias et la Société en général porteront une part de responsabilité. Seuls les plus forts résisteront.**

Certains couples basent leur relation essentiellement sur la sexualité. Cela explique le nombre de couples qui se séparent ou divorcent au motif d'une sexualité « débordante » ou au contraire « insuffisante ».

Avec de tels critères, un couple ne peut pas rester uni très longtemps. Ceux qui vivent la sexualité de cette manière oublient l'essentiel.

La sexualité doit être basée sur l'Amour réciproque. C'est le moyen de procréer et d'assurer une descendance à l'Humanité, fonction première des organes reproducteurs créés à cet usage par Dieu.

L'ADULTÈRE

Dans ce domaine, il y a deux cas principaux :

DANS LE PREMIER CAS, il s'agit **d'un moment d'égarement** d'un des deux partenaires, un désordre causé par son **corps astral** (les sentiments) pour de multiples raisons :
Par manque d'attention et de tendresse, l'autre lui rend la vie impossible, son appétit sexuel n'est pas rassasié, il ou elle ressent la perte de désir dans le couple...

À la suite d'une période plus ou moins longue, **la raison (corps mental = les pensées)** prendra le dessus et la compréhension du mal causé à l'autre entraînera la prise de conscience des causes et des effets de la faute.

C'est l'arme suprême contre le Mal : **La CONNAISSANCE.** Le corps astral (les sentiments) désormais maîtrisé par le corps mental (les pensées, la raison), le pardon de l'autre interviendra et l'adultère ne se reproduira plus jamais.

L'épisode de la femme adultère, dans la Bible est très clair concernant la **repentance** de la fautive et du **Pardon** (Jean, chapitre 8, versets 2-11).

En résumé, les Scribes et les Pharisiens amènent une femme adultère. Ils déclarent que Moïse, dans sa loi, leur a prescrit de lapider de telles femmes. Ils demandent à Jésus ce qu'il dit pour le mettre à l'épreuve et pouvoir l'accuser. Il déclare alors : ***« Que celui de vous qui est sans péché lui jette la première pierre. »*** Accusés par leur conscience, ils se retirent un par un, **à commencer par les plus âgés.** Jésus demande à la femme : « Personne ne t'a condamné ? » Elle répond « Personne, Seigneur » et Jésus lui dit **« Moi non plus je ne te condamne pas ; va, et désormais ne pêche plus »**.

Jésus démontre que le **PARDON** est plus fort que le châtiment. Il engendre la prise de conscience du Mal, la repentance et le désir de s'améliorer.

Pour faire Honneur à Dieu et le remercier de sa Clémence.

****

DANS LE SECOND CAS, il s'agit de l'adultère chronique. D'une personne installée dans le Mal, qui ne peut s'empêcher d'accumuler les conquêtes tout en vivant (marié ou non) avec une autre personne.

L'adultère, dans ce cas, est synonyme d'infidélité et dénote un état d'esprit :
La TRAHISON.
Cet esprit de trahison touchera tous les domaines de celui qui le possède :
La famille, bien entendu, mais également les relations professionnelles, les amis… Absolument TOUT.

C'est quelqu'un en qui on ne pourra absolument pas avoir confiance.

C'est pour cela qu'il est très important que les rois, les chefs d'état et tous les membres de leur gouvernement montrent le bon exemple.
Qu'ils soient irréprochables concernant la famille, pilier du Monde.

Il est très fréquent de voir un chef d'état s'adresser au peuple en compagnie de sa femme et même parfois de ses enfants. L'image d'une famille unie est très positive.

Encore faut-il que cette image corresponde à la réalité. Et que ce ne soit pas seulement une opération de communication savamment orchestrée pour obtenir des suffrages en vue d'une prochaine élection… Comme c'est souvent le cas !

Le chef d'état et son gouvernement (roi, président, ministre, dictateur…) sont à l'image du peuple qu'ils dirigent.

Dans le cas d'un dirigeant qui se livre à la débauche ou qui est très laxiste dans le domaine de la moralité, le pays sera livré à une sexualité débridée, avec des adultères, de la prostitution adulte et enfantine, des viols suivis ou non de meurtre…

Il ne faut jamais oublier que l'EXEMPLE que l'on donne, par notre comportement, est toujours plus efficace que de longs discours et le meilleur moyen de convaincre les autres en les détournant du Mal.

L'Exemple des Exemples, c'est Jésus-Christ.

L'HOMOSEXUALITÉ

« Tu ne coucheras pas avec un homme comme on couche avec une femme. C'est une horrible pratique. » (Lévitique 18, verset 22)

Du point de vue occulte, nous savons qu'à chaque incarnation l'Âme se matérialise, en alternance, dans un corps masculin ou féminin. Certaines âmes ont fortement apprécié l'incarnation dans l'un des deux sexes et souhaitent renouveler l'expérience indéfiniment. Au moment de l'incarnation, certaines Âmes hésitent entre ce souhait et la nécessité de changer de sexe pour évoluer. C'est cette hésitation, ce doute, qui va provoquer l'homosexualité qui, pour certains (pas tous) est une souffrance. Pour beaucoup cette souffrance, cette dualité, se traduira par une homosexualité platonique. Sans rapports sexuels.

D'autres choisiront la transformation de leur corps par le changement d'apparence superficiel ou par le biais d'interventions chirurgicales.

Enfin, il y a ceux qui s'adonneront à la luxure homosexuelle. Attitude qui, malheureusement pour eux, ne sera pas sans conséquences (Karma négatif).

****

Pour vivre heureux sur Terre, le Créateur nous a donné le mode d'emploi : Les Saintes Écritures et ses Prophètes. Il nous a mis en garde contre tous les dangers, car il connaît mieux que personne notre Monde puisque c'est Lui qui l'a créé.

Et pourtant, lorsque nous enfreignons ses commandements, ses conseils, aucun Soldat de Dieu ne vient nous en empêcher.

Dieu nous a fait libre. Libre de l'écouter ou pas.
Mais nous devrons assumer les conséquences de nos actes positifs ou négatifs.

Certains apprennent par la voie d'Amour. D'autres par la voie de la Souffrance.

Ces deux voies donnent accès à la **CONNAISSANCE**.

Le résultat final est donc **POSITIF**.

LE MARIAGE HOMOSEXUEL

Le **mariage** est l'un des principaux piliers de la Société et de l'humanité. Institué par le Créateur, il est le symbole du mariage de l'Âme avec Dieu. Il permet également de procréer.

C'est pour cette raison que le mariage est attaqué avec autant de virulence par ceux qui sont inspirés par l'Abîme.

Il n'est nullement nécessaire de sortir de polytechnique pour comprendre que le mariage entre deux personnes du même sexe est contre nature. L'explication est simple et lumineuse :

Deux personnes du même sexe ne peuvent pas, <u>d'une manière naturelle,</u> donner naissance à un bébé.

De même qu'il est impossible d'alimenter un appareil en électricité avec uniquement deux prises mâles ou uniquement deux prises femelles, par exemple.

Il est évident que si le mariage homosexuel était LE SEUL mariage autorisé, il provoquerait l'extinction totale de la race humaine, but final recherché par les entités de l'Abîme.

Pour tout cela, il est contre nature.

Les défenseurs de ce type d'union, inspirés par l'Abîme, crieront haut et fort que nous n'en sommes plus là. Qu'il faut être moderne et ne pas hésiter à avoir recours à l'insémination artificielle, aux mères porteuses ou autres procédés diaboliques.

Toutes ces pratiques nous entraînent vers le clonage d'êtres humains et la mise sur le marché de bébés « sur mesure » avec caractéristiques physiques et psychiques sur commande.

Les problèmes psychologiques et animiques résultant de ces pratiques sont trop nombreux pour être exposés ici. Ils nécessiteraient un livre entier. Très volumineux.

LES PHÉNOMÈNES DE GROUPES

L'esprit de groupe (sectaire)

Les âmes jeunes sont celles qui vivent leurs premières incarnations sous une forme humaine. Elles sont soumises à l'esprit de groupe, comme chez les animaux. Leurs réactions sont primaires et souvent brutales. Elles ont recours à la ruse et à la violence pour tenter de prendre par la force ce qu'une âme évoluée obtient naturellement grâce à ses mérites acquis lors de ses précédentes vies.

Une âme jeune ne s'attaque qu'à un être d'évolution inférieure ou faible. Comme certains fauves attaquent des animaux malades, blessés ou des petits qui se sont imprudemment éloignés de leur mère. On retrouve les mêmes caractéristiques d'esprit de groupe chez les vieilles âmes qui, de vie en vie, se sont enracinées dans le Mal.

L'état d'esprit d'un groupe présente des similitudes avec celui d'une secte. Il y a des « codes » et des manières de procéder particulières qui permettent de distinguer ceux qui font partie du groupe (ou de la secte) et les autres.

L'esprit de groupe (ou sectaire) procure une sensation de supériorité. Les membres du groupe communiquent ou se reconnaissent en utilisant des codes très précis :

Tenue vestimentaire, uniforme avec signes distinctifs, notion de grade ou de niveau, rites d'initiation, rituels, livres diffusant une pseudo « connaissance » imposée par le groupe ou la secte et permettant de « monter en grade », gestes, sigles, saluts, tatouages, couleurs, matériaux, signes particuliers dans les courriers, langage spécifique qui n'appartient qu'au groupe, langue étrangère, réunions pour renforcer les liens du groupe ou de la secte avec vente d'articles pour alimenter financièrement le groupe ou la secte, appel aux dons avec promesse de récompense en retour, etc…

Cet esprit de groupe touche toutes les couches sociales. Du citoyen lambda des cités de banlieue jusqu'aux plus hautes instances de l'État. Sa force repose sur la notion **d'intérêt** (voir ce chapitre page 112). Dans ce cas, la **corruption** n'est pas loin.

Un groupe ne peut exister que dans la mesure où chaque membre trouve **SON** intérêt.

Il est fondamental de bien assimiler que les membres d'une secte ont des **intérêts communs mais pas le même but**. Ce qui crée souvent des dissensions. Notamment au sein des partis politiques où les « combats de coqs » sont fréquents. Ils se déchirent, s'invectivent, s'injurient, profèrent même parfois des propos diffamatoires...

La logique voudrait que certains des membres qui ont été outragés dans leur honneur quittent le parti en claquant la porte violemment. Force est de constater que dans la très grande majorité des cas, ils ne le font pas pour une simple raison : **Ce qui les unit (l'intérêt commun) est plus fort que ce qui les divise (le but personnel).**

On peut maintenant se poser la question : Ce qui est écrit sur l'esprit de groupe n'est pas nouveau. Tout le monde (ou presque) le sait, alors où est le mystère caché dans tout cela ?

La partie occulte réside dans le fait qu'une secte, par ses rituels même primaires, crée une entité qui n'existe pas naturellement dans l'au-delà : **l'Égrégore**.

(Voir le chapitre qui lui est consacré page 183)

Il procure de nombreux avantages, dont celui de fournir des informations auxquelles ont accès EXCLUSIVEMENT les esprits des membres du groupe. Il s'agit d'une sorte de gigantesque bibliothèque invisible mise à la disposition de tous les membres. Bibliothèque qui est composée de toutes les idées des membres du groupe, mais surtout des renseignements précieux en provenance de **l'Égrégore**.

Dans tous les groupes et les esprits de groupe, il y a toujours un rapport de force, un chef, un meneur. Là, le Chef Suprême du groupe, dans l'invisible, c'est **l'Égrégore**. C'est lui qui permet ou interdit l'accès à cette Bibliothèque si précieuse, riche d'informations. C'est encore lui (l'égrégore) qui peut permettre à un ou plusieurs de ses membres de devenir riche et célèbre, ou le leader terrestre du groupe avec tous les avantages, relatifs au niveau du groupe, que cela représente. Ces avantages peuvent être limités à un lieu précis, un quartier, ou s'étendre à une ville, une région, un pays ou être d'ordre mondial. Pour l'élu, c'est côtoyer les grands, les puissants, accéder à la richesse et pouvoir obtenir facilement les faveurs du sexe opposé...

Avec les trois armes favorites de l'Abîme : POUVOIR, ARGENT et SEXE.

C'est pour tout cela qu'un membre d'un groupe hésite à faire cavalier seul.

Encore et encore et toujours **L'INTÉRÊT PERSONNEL** !

L'animalité dans le groupe

Les âmes qui ont quitté le règne animal pour vivre leurs premières incarnations sous forme humaine ont encore en eux beaucoup de bestialité.

L'âme a gardé en mémoire certaines sensations :
La peur ou **la terreur** lorsqu'elle a vécu ou succombé en tant que proie. **L'agressivité** ou la **férocité** lors de ses expériences de chasseur, de prédateur.

Concernant la deuxième catégorie, il y a de par le monde des êtres humains qui sont aussi dangereux que des bêtes fauves. Ils utilisent essentiellement la **ruse** et la **violence** pour obtenir ce qu'ils veulent.

Bien souvent, ils ont gardé un souvenir très présent (mais inconscient) des parties de chasse en groupe réalisées lors de leurs incarnations animales. De l'attente dans l'ombre pour choisir la proie, puis la stratégie de groupe pour l'isoler et enfin de l'excitation sauvage lors de sa capture et de sa mise à mort.

Ce qui est naturel dans la nature, pour permettre aux animaux de se nourrir, ne l'est plus lorsqu'il s'agit d'êtres humains qui emploient des méthodes analogues pour attaquer, voire tuer d'autres êtres humains.

Certaines âmes jeunes, encore imprégnées de toute cette bestialité, commettent des atrocités en s'attaquant en groupe à des êtres plus faibles : Personne seule, âgée et surtout les filles ou femmes de tous âges qui sont très vulnérables.

Elles représentent symboliquement ce qu'ils ont connu dans leurs précédentes incarnations animales. Les proies faciles, les êtres faibles tels que les petits, malades, ou abandonnés par le troupeau, les animaux blessés, etc.

Ce sont ceux également qui font preuve d'une extrême violence dans des actes réprimés par la Loi. Ils n'ont aucune barrière morale ni le sens de l'honneur. Ils sont capables de tuer sans état d'âme. Il n'y a aucune possibilité de négociation avec eux.

C'est la loi de la jungle. La loi du plus fort.
Parmi les atrocités commises, il y a le viol collectif qui est en rapport direct avec ce qui a été décrit ci-dessus concernant les animaux : La chasse en groupe.

Nous retrouvons ici, une fois de plus, le SEXE sous son aspect négatif. Les cas les plus fréquents sont les suivants :

1. La jeune fille a repoussé les avances d'un membre du groupe qui ressent cela comme une grave offense. Il se venge avec des réactions animales. En violant sa victime avec le groupe. Ce sont les tristement célèbres « tournantes » d'une abominable cruauté.

2. Un membre du groupe a séduit une jeune fille et il considère la situation sous un aspect de prédateur (conquête féminine assimilée à la capture d'une proie). Il veut, comme le font les fauves, partager sa proie avec tous les autres membres du groupe. C'est ce qui se produit dans la nature, lorsqu'un un ou plusieurs fauves attrapent et tuent une proie, puis la partagent avec tout le groupe.

Dans les deux cas, comme chez les animaux, les « chefs » ont la priorité.

Les cris, les supplications et la souffrance de la femme ne font qu'attiser la frénésie du groupe dont chaque membre veut « sa part » de la victime. Comme l'odeur du sang surexcite certains prédateurs (fauves, requins…).

L'homme, par cet acte, régresse dans l'animalité alors que le but de sa venue sur terre est précisément de s'en éloigner par l'acquisition de vertus.

Chaque agresseur subira la Loi du Talion (page 49) et la Loi du Karma (page 51) qui découlent de leurs actes.
Le but n'étant pas de punir, mais de faire comprendre à l'âme les causes et les conséquences des actes commis par son enveloppe charnelle. Ainsi que les souffrances atroces endurées par la victime. Souffrances que le bourreau subira dans sa propre chair dans une prochaine incarnation.

Symboliquement, le sexe de l'homme est représenté par une **épée**. Cette dernière peut être utilisée positivement pour défendre une personne en danger ou négativement pour attaquer un être humain dans le but de le voler, par exemple.

De même le sexe de l'homme peut être positif dans l'accomplissement de l'acte de procréation ou négatif dans une relation forcée. Le violeur, par son acte, détruit sa victime psychologiquement et sentimentalement.
C'est la raison pour laquelle le viol est souvent suivi d'un meurtre.
C'est la conclusion logique d'un être habité par les Forces du Mal.

Après avoir tué **mentalement (corps mental)** et **sentimentalement (corps astral)** sa victime, il achève son œuvre en la tuant **physiquement (corps physique)**.

Certaines victimes, avec la plus grande inconscience du danger, menacent leur agresseur de les dénoncer à la Police ou à leur famille. Elles paient souvent cette erreur de leur vie.

À l'inverse, d'autres parviennent à rester en vie en rassurant le ou les agresseur(s) et en tentant de minimiser l'acte.

Ce qui est une preuve de sagesse car la préservation de la Vie, bien précieux et unique, doit être privilégié en toutes circonstances.

À l'image d'Abraham lors de son voyage de Haran jusqu'au pays de Canaan **(Genèse, chapitre 12)**.

Il fut contraint de descendre en Égypte à cause de la famine du pays qu'il traversait. Abraham avait 75 ans et sa femme, Saraï, était très belle. Arrivés en Égypte, Abraham, craignant pour sa vie, dit à sa femme : *« Voyons donc, je sais que tu es une très belle femme. Aussi, quand les Égyptiens te verront, ils diront : C'est sa femme ! Alors ils me tueront et te laisseront la vie. Tu vas dire que tu es ma sœur, afin que je sois bien traité à cause de toi, et grâce à toi j'aurais la vie sauve. »* **(Genèse, chapitre 12, versets 11-13)**.

Dans le contexte de l'époque et de la Toute-Puissance du Pharaon, le sort de la femme d'Abraham est malheureusement scellé.

Le Pharaon la prendra pour femme à cause de sa beauté et elle n'aura d'autre choix que d'accepter.

Abraham est conscient qu'il ne peut empêcher cette union, ni s'interposer à la volonté du Pharaon. Ce qui signerait son arrêt de mort.

Il agit intelligemment en choisissant de dissimuler la vérité (qu'il est son mari) dans l'unique but de sauver sa propre vie.

Chaque membre est protégé par le groupe

Nous savons qu'un groupe crée un **égrégore** (voir page 183) qui lui assure une protection. Le groupe et l'égrégore forment un tout. C'est l'aspect occulte du groupe.

Lorsqu'un membre du groupe est attaqué, c'est tout le groupe qui se sent agressé.

Autrement dit, l'imprudent qui agresse (volontairement ou involontairement) un membre du groupe **s'attaque en réalité à l'égrégore du groupe**, entité redoutable.

Face à cette agression, l'égrégore réagit violemment en mobilisant les membres du groupe qui interviennent avec promptitude. Comme un seul homme.

Il est très fréquent de voir 10, 30, 50 individus (ou plus) attaquer une ou plusieurs personnes qui ont commis **l'imprudence** de faire une remarque de bon sens à un membre du groupe. Remarque qu'il a ressenti comme une agression parce qu'une personne veut l'empêcher de faire tout ce qu'il veut (bruit, dégradations diverses, non-respect d'autrui, agression verbale...). C'est la notion de « liberté » de l'Abîme.

Il peut s'agir d'un simple regard, d'un geste ou d'une attitude qui a déplu au membre du groupe.

Ces groupes, du fait de leur appartenance à l'Abîme, vivent dans un climat de conflit permanent. Ils sont donc toujours sur la défensive et ressentent certaines paroles ou gestes anodins comme une provocation ou une insulte.

C'est pour cela que les forces de l'ordre elles-mêmes hésitent à effectuer des contrôles dans certains lieux dont les groupes sont devenus les maîtres (zones de non-droit) en faisant régner la peur (menaces de représailles).

Lorsqu'elles sont dans l'obligation d'investir les lieux suite à un évènement grave nécessitant leur intervention (meurtre, coups de feu, trafic de drogue, etc.), un gigantesque déploiement de force a lieu. Policiers, gendarmes, CRS par dizaines, armés, avec casque, bouclier, gilet pare-balles, bombes lacrymogènes...

Bref, la guerre est déclarée.

Évidemment, dans ces conditions, les groupes les plus vindicatifs ne peuvent avoir gain de cause. Mais ils ne sont pas éradiqués pour autant.

Rares sont les personnes qui osent les dénoncer par peur des représailles. Et lorsqu'elles le font ce sont elles, et non pas le groupe, qui doivent déménager.

Mais est-ce que l'on s'interroge sur ceux qui vivent cela au quotidien et qui n'ont pas toute cette armada pour se défendre ?

Toutefois, cette situation que l'on pense injuste a son revers. Les groupes ont besoin de « victimes » qui, un jour, prennent conscience du danger. Elles désertent peu à peu les lieux où ces groupes règnent en maîtres. Pour ces derniers, le risque est de se trouver isolés, donc vulnérables.

Nous trouvons le même principe dans les prises d'otages. Lorsque les otages parviennent à s'échapper, les malfaiteurs sont à découvert et pris pour cible par les forces de l'ordre.

Souvenons-nous de la destruction annoncée de Sodome et Gomorrhe.

En résumé, Abraham supplie l'Éternel de ne pas détruire ces deux villes, de crainte que des justes y demeurent. Dieu promet successivement qu'il ne détruira pas ces villes s'il reste 50 Justes, puis 45, 40, 30, 20 et enfin 10 Justes.
(Genèse, chapitre 18, versets 20-32)

Puis, lorsque tous les Justes ont quitté ces deux villes, l'Éternel a détruit Sodome et Gomorrhe (Genèse, chapitre 19, versets 24-29).

C'est ce qui arrivera inéluctablement à ces groupes qui agissent en prédateurs.

****

Concernant les autres groupes (politiques, commerciaux, financiers, sectes, …), ils se livrent une guerre sans merci dans laquelle il n'y aura aucun réel vainqueur.

Ceux qui auront gagné la guerre contre leurs ennemis de l'Abîme seront anéantis par le plus puissant des égrégores : Celui de Jésus-Christ.

CHAPITRE 3

LA MUSIQUE

La musique est un Art UNIVERSEL qui permet d'élever l'Âme. Les grands compositeurs ont été inspirés grâce à l'élévation de leur âme qui leur a donné accès, dans l'invisible, à des régions qui restent inaccessibles aux âmes jeunes.
(Voir « La loi du Karma - Tout est bien réglé dans l'au-delà » page 51 et « Les dons de naissance » page 34).

Les grands compositeurs ont accès à de magnifiques bibliothèques qui leur procure UNIQUEMENT **LES BASES** de leur inspiration. Sinon, où serait leur mérite ?

Ces bibliothèques célestes sont semblables à celles qui existent sur terre.

De très nombreux étudiants viennent y puiser des connaissances. Ensuite, chacun assimilera ces connaissances et les restituera sous des formes différentes en fonction de sa profession, de ses goûts et de sa sensibilité.

Pour 100 étudiants qui auront lu le même livre, les connaissances acquises seront restituées de 100 manières différentes.

Il en est de même pour toutes les activités qui nécessitent un don particulier :

Dans le domaine de l'Art, Le chant, la danse, la peinture, la sculpture, la gravure, instrumentiste, chef d'orchestre... mais également les mathématiques, les langues, l'écriture, l'élocution, la communication, la diplomatie, la Justice, etc.

La musique classique élève l'âme... Ce qui dérange profondément les êtres de l'Abîme (dans l'invisible ainsi que leurs serviteurs terrestres).

Leur but est de réduire à l'esclavage le plus grand nombre d'êtres humains. Et pour cela, il faut pervertir tous les domaines.

C'est pour cela que, peu à peu, le niveau des créations musicales a baissé pour finalement s'effondrer totalement avec l'arrivée de la **musique tribale**.

Musique tribale qui se résume à des instruments de percussion avec une musique primaire, basée sur des éléments répétitifs ou, pire encore, sans musique aucune et des paroles récitées en rythme, sans aucune mélodie.

Ces musiques trouvent un écho favorable auprès de celles et ceux qui, pour diverses raisons, n'évoluent plus positivement.

« Celui qui n'avance plus, recule ». L'immobilisme n'existe pas dans l'invisible.

Ces rythmes leur rappellent leurs vies antérieures et la nostalgie s'empare d'eux. Comme un adulte qui se souviendrait de bons souvenirs de son adolescence et se comporterait comme tel !

« L'habitude est une seconde nature ».
Il est parfois difficile de rompre avec le passé et de tourner la page.
Ce qui est vrai pour l'être humain l'est également pour l'âme.

Voici un exemple symbolique très puissant cité dans la Bible.

Il concerne un épisode précis lors de la destruction de Sodome et Gomorrhe.
(Genèse, chapitre 19, versets 24-26).

« Alors l'Éternel fit pleuvoir du ciel sur Sodome et sur Gomorrhe du souffre et du feu venant de l'Éternel. Il bouleversa ces villes, toute la plaine, tous les habitants des villes et les plantes du sol.
La femme de Loth regarda en arrière et devint une statue de sel ».

C'est ce qui arrive à chaque personne qui regarde en arrière.

Nous devons bannir la nostalgie et chasser nos habitudes qui freinent notre avancement.

Sinon, comme la femme de Loth, nous serons transformés en statue de sel…

CHAPITRE 4

COMMUNICATION AVEC L'INVISIBLE

L'HEURE VÉRITABLE (solaire)

Tous les ouvrages d'occultisme indiquent les heures SOLAIRES pour entrer en contact avec les Anges, en Astrologie pour réaliser une carte du Ciel, etc…

C'est l'heure véritable de la **NATURE**.

Pour des raisons économiques, les dirigeants ont **imposé** (comme c'est souvent le cas) l'heure d'hiver (+ 1h) et l'heure d'été (+ 2h).

Ce décalage a des conséquences néfastes sur l'équilibre des êtres humains. C'est une des causes de certains dérèglements de l'horloge biologique(*). Notamment du cycle du sommeil. Or nous savons combien le sommeil est important pour se régénérer et pour la santé en général.

(*) *Définition : L'horloge biologique est un élément de notre organisme qui génère un certain nombre de réactions biologiques - dont le SOMMEIL - régulées par cycles.*

Prenons un exemple : Certains élèves, les jours de classe, doivent se lever à **7 heures du matin**. Rien d'anormal.
Mais les parents ne manqueraient pas de monter au créneau si on imposait à leurs enfants de se lever à **5 heures du matin** pour aller à l'école !
C'est pourtant ce qui se produit tous les ans, pendant l'heure d'été (fin mars à fin octobre). Soit **7 mois dans l'année**. Et tout cela dans l'indifférence générale…
Il en résulte des difficultés pour s'endormir le soir (à 21h il n'est que 19h) et pour se lever le matin (à 7h il n'est que 5h). Le cycle du sommeil est perturbé et on se lève avec une impression (justifiée) de fatigue générale. À méditer…

C'est par la PRISE DE CONSCIENCE GÉNÉRALE que les choses changeront.

Il y a une autre raison cachée, occulte, à ce changement d'horaire de la part de ceux qui ont été inspirés à leur insu par l'Abîme. *(À noter que l'Abîme ne peut influencer que ceux qui ont déjà des pensées ou des sentiments négatifs en eux.)*

Pour évoluer positivement, à fortiori dans ce monde inversé et diabolique, l'être humain a besoin d'être fort. Pour combattre le Mal. Pour s'efforcer de respecter les Lois de Dieu. Ce qui nécessite beaucoup d'énergie.

Le changement d'horaire perturbe le sommeil réparateur et par conséquent le cerveau physique est fatigué. Il ne parvient plus à communiquer correctement avec le **corps mental** qui est à l'origine des pensées et des idées.

Le cerveau physique n'est qu'un récepteur. Comme un poste de télévision.

Le corps mental est l'émetteur. Il est en activité 24h sur 24. C'est lui qui procure l'imagination, les idées qui donnent naissance à un projet qu'il structure en prévoyant les moyens nécessaires à sa réalisation. Le projet complet est ensuite envoyé au cerveau physique qui se contente de le réceptionner.

Si le cerveau est fatigué, il est semblable à un poste de télévision dont l'image est brouillée et la qualité du son très médiocre. Dans ces conditions, l'émission diffusée est difficilement compréhensible.

C'est en priant les Archanges et les Anges que nous pouvons devenir forts et diriger nos différents corps afin de les orienter dans la bonne direction.

Grâce aux prières appropriées dont il sera question plus loin, on peut parvenir à diriger nos 4 corps, c'est-à-dire **notre destinée**, comme on conduit un grand navire.

Le virage s'effectuera lentement, progressivement et d'une manière parfaitement adaptée à chacun. Au fur et à mesure de la compréhension.

C'est à cela que DOIVENT IMPÉRATIVEMENT servir les prières. Acquérir la CONNAISSANCE.

Sans elle (la connaissance), les prières sont inadaptées dans la plupart des cas.

Avec la CONNAISSANCE, TOUT est possible.

LES ANGES ET LES ARCHANGES

Les 72 Anges (Génies) de la Cabale

Les Connaissances que l'Homme doit assimiler pour parvenir à l'illumination étant très complexes, elles ont été divisées en 9 épreuves principales et 72 épreuves secondaires.

Les 9 épreuves principales sont sous la responsabilité des 9 Archanges. Les 72 épreuves secondaires sont sous la responsabilité des 72 Anges. Chaque Archange commande 8 Anges. Ce qui fait un total de 72 Anges (8 x 9 = 72).

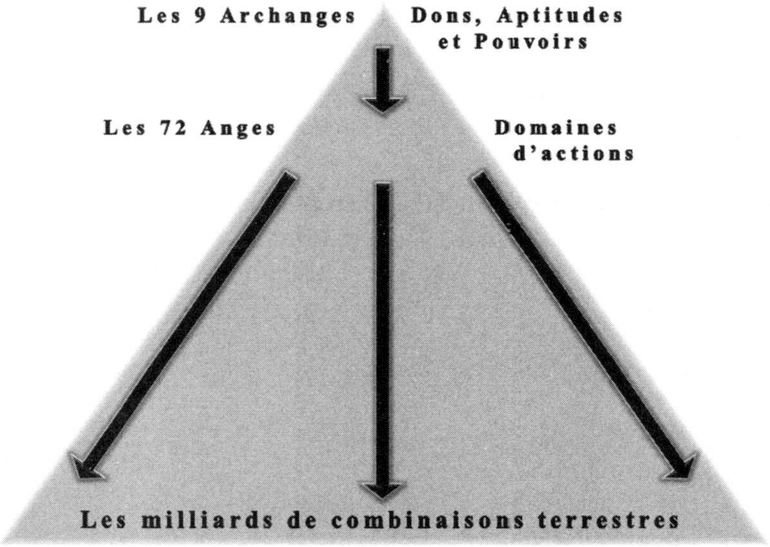

Chaque Ange représente une sorte de « sous-programme » de l'Archange dont il dépend. Il distille une partie du programme de l'Archange avec son propre filtre.

En fonction de notre date de naissance, nous bénéficions tous des influences positives d'un Archange et d'un Ange qui est notre Ange Gardien.

Une carte du Ciel (astrologie) et des calculs simples permettent de déterminer :

- Notre Archange (qui correspond à notre **Signe Astrologique**)
- Notre Ange Gardien qui s'occupe de notre **corps physique**.
- L'Ange qui s'occupe de notre **corps astral**
- L'Ange qui s'occupe de notre **corps menta**l

Par la prière, nous pouvons influencer positivement, rectifier la direction du corps qui s'est égaré en priant l'Ange qui en a la charge. Comme on tourne le gouvernail d'un bateau de croisière.
Cette comparaison est faite à dessein. Si certaines prières ont un effet quasi immédiat, celles qui concernent nos corps procèdent avec précaution, par étapes.

Le but des prières n'est pas, pour les Archanges et les Anges, d'exaucer nos vœux aveuglément comme le font certains parents avec des enfants gâtés. Ils nous offrent ce qui nous sera réellement utile. Parfois d'une manière inattendue ou surprenante.

Le but ultime des prières est la COMPRÉHENSION, la CONNAISSANCE.

Donc, plus vite nous comprendrons nos faiblesses, leurs origines et leurs conséquences (causes – Dharma / Effets – Karma), plus vite le corps concerné se détournera de ses amours d'antan. De sa nostalgie du passé.

À noter que nos corps restent attachés au passé, même si celui-ci a été douloureux !

Avec pour effet un changement progressif et positif de notre vie. Dans tous les domaines : Spirituel, Psychologique, Santé, Affectif, familial, professionnel…

Lorsque l'âme ne tient pas compte des bons conseils des Anges, ces derniers passent le relais à leurs frères de l'Abîme.

Toujours avec la pyramide, mais inversée cette fois puisqu'il s'agit de l'Abîme, le principe est un peu similaire. À la différence que l'apprentissage se fait par la Souffrance.

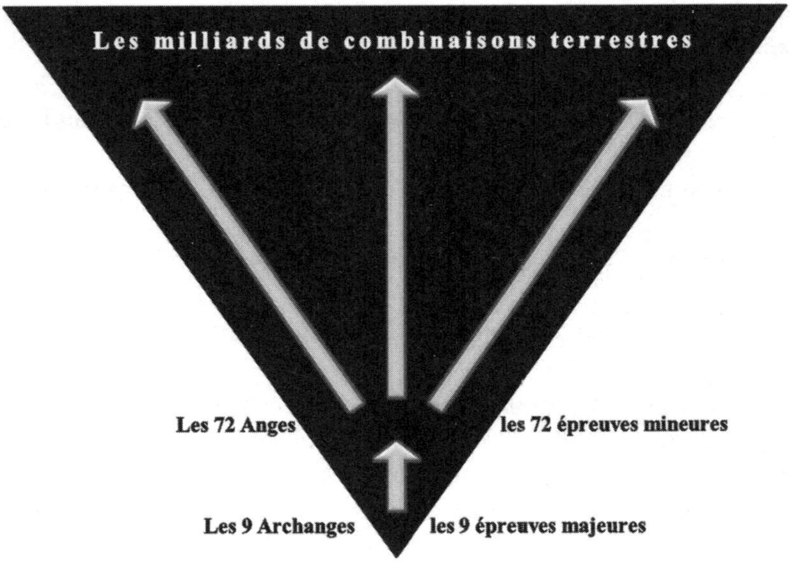

Le bas de la pyramide, la partie étroite, représente les épreuves principales et secondaires imposées par les Archanges et les Anges de l'Abîme.

Elles sont peu nombreuses mais elles peuvent se combiner entre elles.

En haut, la partie large, représente les milliards de possibilités d'interactions terrestres obtenues par les combinaisons propres à chaque être humain multipliées par celles des autres humains qu'il fréquente.

Les possibilités sont infinies…

Voici un exemple concernant les deux méthodes de compréhension : Par l'Amour ou par la Souffrance :

Des parents conseillent à leur enfant de ne pas toucher à un poêle brûlant.

C'est le conseil des Bons Anges. Si l'enfant écoute ces conseils, il démontre son obéissance à ses parents qui l'aiment (les Bons Anges). Il a confiance en leur jugement et il se soumet de bon gré.

Dans le cas contraire, il souhaitera vérifier par lui-même l'exactitude des affirmations de ses parents et il se brûlera.

C'est le rôle des Anges de l'Abîme. L'apprentissage de la CONNAISSANCE par la SOUFFRANCE.

Nous voyons donc que, dans les deux cas, le résultat est positif par la RÉVÉLATION DE LA VÉRITÉ.

LA VOYANCE

« Ne vous tournez pas vers ceux qui évoquent les esprits, ni ceux qui prédisent l'avenir ; ne les recherchez pas, de peur de vous souiller avec eux. Je suis l'Éternel, votre Dieu »
(Lévitique, Chapitre 19, verset 31).

« Si une personne se tourne vers ceux qui évoquent les morts ou vers ceux qui prédisent l'avenir, pour se prostituer avec eux, je tournerai ma face contre cette personne et je la retrancherai du milieu de son peuple »
(Lévitique, chapitre 20, verset 6) :

Dieu nous déconseille la voyance pour les raisons suivantes :

• Les prophètes

Dieu désigne Lui-même ceux qui doivent prédire l'avenir au niveau planétaire. Il leur fournit des messages dont on peut vérifier l'exactitude, même après plusieurs milliers d'années !

• Les faux Dieux, la voyance négative

Le voyant négatif (femme ou homme) est au service de l'Abîme qui lui transmet des messages erronés. Il fait volontairement des prédictions mensongères, provoquant des inquiétudes chez le consultant, dans le but de le convaincre de la nécessité de pratiquer des travaux occultes pour « améliorer » son destin. (Voir page 170)

La mission du voyant qui, dans ce cas est un Mage négatif, est d'induire en erreur son client, de lui causer des préjudices et surtout de lui soutirer de l'argent en profitant de son ignorance.

En résumé, le Mage négatif DOIT NUIRE à son client pour être en accord d'esprit avec les Entités de l'Abîme avec lesquelles il a conclu un pacte et qui ne lui obéissent qu'à cette seule condition : **Participer à la destruction de la Création entière**. But ultime de l'Abîme.

Il est important de souligner qu'une quelconque intervention du Mage négatif (voyance ou travaux occultes) ne peut en rien solutionner les problèmes de son client. Pour une raison simple :

Les problèmes, quels qu'ils soient, proviennent de l'Abîme avec lequel travaille le Mage négatif. Ce dernier ne peut pas demander à l'Abîme de se combattre lui-même ni de s'autodétruire !

****

Jésus guérit un démoniaque aveugle et muet

« Les Pharisiens, l'ayant appris, dirent : Cet homme ne chasse les démons que par Béelzébul (Belzebuth), prince des démons. Comme Jésus connaissait leurs pensées, il leur dit : Tout royaume divisé contre lui-même est dévasté et toute ville ou maison divisée contre elle-même ne peut subsister.
Si Satan chasse Satan, il est divisé contre lui-même, comment donc son royaume subsistera-t-il ?
Et si moi, je chasse les démons par Béelzébul, vos fils par qui les chassent-ils ? C'est pourquoi ils seront eux-mêmes vos juges.
Mais, si c'est par l'Esprit de Dieu, que moi, je chasse les démons, le royaume de Dieu est donc parvenu jusqu'à vous. »

(Matthieu, chapitre 12, versets 24-28 ; Marc 3.20-27 ; Luc 11.14-23)

****

La seule solution pour le Mage négatif, pour donner une **impression d'efficacité**, c'est de **REMPLACER** (et non pas **expulser** à la manière de Jésus ou d'un exorciste) l'Entité de l'Abîme (démon) qui est à l'origine du Mal par une autre Entité de l'Abîme plus puissante. Une des règles de l'Abîme étant l'obéissance aveugle aux chefs, l'Entité plus faible cèdera volontiers sa place à celle qui est plus puissante. Ce n'est pas très grave puisqu'elles sont toutes deux du même clan : Celui de l'Abîme.

Cette nouvelle Entité a deux effets :

1. Elle fait disparaître le Mal pour lequel le client est venu consulter. Elle crédibilise l'action du Mage négatif.

2. Elle causera ultérieurement de nouveaux problèmes beaucoup plus graves que les précédents.

Conséquence logique : le consultant reviendra voir le Mage négatif pour demander son aide, une nouvelle fois. Ce Mage qui a si bien résolu son premier souci…

Il ignore, bien entendu, que le Mage est à l'origine de ces nouveaux problèmes.

Le Mage négatif accomplira une nouvelle fois son action malfaisante. Une Entité de l'Abîme plus puissante prendra la place de la précédente, créant une fois de plus une aggravation de la situation du consultant.

Pour donner une comparaison : à la première consultation, le client du Mage négatif souffrait d'un petite grippe. À la dernière, il repartira avec le SIDA.

1. La voyance positive

Nous sommes tous venus sur Terre pour évoluer et affiner notre compréhension des Lois Divines en vivant des situations ou des évènements dont la fonction première est de nous faire prendre conscience de nos erreurs et trouver le chemin de la Vérité.

Or la voyance, même exercée avec de bonnes intentions, peut fausser le « programme » que nous avons choisi librement (avant notre incarnation) :

- Par des informations sincères, mais erronées, qui dirigent le consultant vers de fausses pistes (risque de « rater » son incarnation)

- Par la révélation sacrilège d'informations occultes concernant la destinée du consultant. Révélation susceptible d'entraver son évolution :

1. En provoquant une réaction de crainte de l'avenir et en l'empêchant d'affronter les obstacles avec le courage nécessaire.

2. En le rassurant exagérément et en lui donnant l'impression que les bienfaits tomberont du Ciel alors qu'ils doivent être la récompense d'un ardent combat ; le combat de la vie.

En résumé, la voyance peut avoir l'apparence d'une aide ponctuelle pour le consultant qui est angoissé par un évènement ou par une situation difficile ou éprouvante. C'est en réalité une épreuve de la vie. De **sa** vie.

Dans les faits, force est de constater que le consultant retournera chez le voyant à propos de ce qu'il considèrera comme une nouvelle difficulté. Sans se rendre compte qu'il s'agit de la même que la précédente, mais présentée de façon différente.
Preuve que le consultant n'a rien compris à l'épreuve qui lui est proposée.

D'autre part, par cette attitude le consultant risque de devenir un assisté permanent qui se précipite chez le voyant à la moindre difficulté. Ce qui n'est absolument pas favorable à son évolution.

2. La voyance positive basée sur la psychologie

Certains voyants utilisent beaucoup la psychologie. Ce qui est un « plus » positif.

Le consultant, qui n'accepterait peut-être jamais de consulter un psy (psychanalyste, psychologue…), acceptera ce même type de conseil en provenance d'un voyant.
Si le « voyant » a bien fait son travail, le consultant partira rassuré et décidé à affronter courageusement ses épreuves.

Le résultat est positif mais il n'a rien à voir avec la prédiction de l'avenir.

3. La voyance peut permettre de détecter un envoûtement

Certains voyants peuvent détecter un envoûtement, par « flash », par intuition ou à l'aide d'un pendule. Les cas d'envoûtement sont très fréquents.

Voir à ce sujet « Les travaux occultes » pages 170 à 174.

LA MÉDIUMNITÉ

La médiumnité consiste à entrer en contact avec les esprits des morts par l'intermédiaire d'un médium.

L'invocation des morts est extrêmement dangereuse, même pour un « professionnel ». Lorsqu'un « esprit » se manifeste, ce n'est pas obligatoirement celui que l'on a invoqué.

Dans le meilleur des cas, il peut s'agir d'un esprit farceur qui, par exemple, se fait passer pour un personnage célèbre. Il s'amuse de la crédulité des participants et accumule les invraisemblances. Il révèle des « secrets extraordinaires qui n'ont jamais été révélés ». Secrets qui, bien évidemment, sont totalement faux. Cela peut durer un certain temps. Puis l'esprit s'en va, à la recherche d'autres naïfs.

Il s'agit là du meilleur cas de figure.

Mais parfois, il s'agit d'entités de l'Abîme dont certaines sont extrêmement rusées, perverses et dangereuses.

Rentreriez-vous dans la cage d'un tigre pour lui donner des coups de pieds, lui mordre une oreille ou lui tirer les moustaches ?

Non, bien sûr. Car sa réaction serait violente, redoutable…
Et bien certaines entités de l'Abîme sont infiniment plus dangereuses que ce tigre car elles ont, en plus de la férocité, une connaissance parfaite du Mal. De l'art de faire souffrir avec des raffinements d'une cruelle perversité.

Elles sont capables de « posséder » un être humain, c'est-à-dire de « prendre les commandes » de son corps et de son esprit. De lui faire commettre les pires atrocités, de préférence en présence de nombreux témoins, puis de quitter son corps.

La personne reprend alors conscience (comme si elle sortait d'un coma) et se trouve impliquée dans une situation cauchemardesque.

Situation dont elle ne comprend rien et dont elle n'a aucun souvenir. Car pendant toute la durée de la « possession » la victime n'a pas conscience de ses actes ; elle est semblable à une personne sous hypnose, en quelque sorte.

Voici un exemple de ce qui peut se produire dans un cas extrême de possession :

Monsieur X (le possédé) se réveille à côté de Madame Y, assassinée. L'enquête prouvera sans contestation possible, avec preuves scientifiques à l'appui, que le criminel est bien Monsieur X. Ce qui est vrai en ce qui concerne les faits au niveau terrestre.
Mais ce que les humains ignorent, c'est que l'Entité de l'Abîme était aux commandes du corps de Monsieur X. Ce dernier n'ayant aucune conscience des actes que son corps commettait...
Il n'en reste pas moins que Monsieur X sera vraisemblablement déclaré coupable et qu'il fera probablement un long séjour en prison.

L'entité de l'Abîme peut également, lors de la possession, pousser la personne au suicide.

Citer toutes les monstruosités dont sont capables ces entités serait une entreprise impossible à réaliser car elles sont sans limite.

Retenez simplement ceci :

Ces entités de l'Abîme (notamment les plus dangereuses) ont pour objectif de détruire la création (de Dieu) :

Minéral, Végétal, Animal et Humain.

Par tous les moyens.

Avec l'aide des Mages Noirs et des Humains à l'esprit pervers et corrompu.

Ce qui, malheureusement, ne manque pas.

À tous les niveaux.

Note : Il existe des êtres malfaisants qui n'ont pas besoin d'être possédés pour commettre des crimes. Ils sont eux-mêmes négatifs.

CHAPITRE 5

LA MAGIE NOIRE

LA MAGIE NOIRE : Réalité ou fiction ?

La Magie Noire existe. Elle est parfois très efficace mais également redoutablement dangereuse. Pour le commanditaire (le client du Mage négatif) pour le Mage lui-même et pour la victime.

Les formes de Magies Noires sont diverses mais elles opèrent toutes de la même manière. Dans l'Astral (un des Mondes Invisibles),

le Monde des Sentiments, il existe des Entités naturelles malfaisantes : Les Anges de l'Abîme.

La Magie Noire consiste, par des prières et rites précis, à donner des ordres aux Anges de l'Abîme existants ou de créer de toutes pièces une Entité malfaisante (qui n'existe pas de manière naturelle dans l'Astral) qui sera aux ordres du Mage.

La Magie Noire est employée essentiellement dans trois domaines : Le **SEXE**, **l'ARGENT** et le **POUVOIR**. Ils sont puissamment reliés entre eux.

À tel point qu'il est difficile de parler de l'un d'eux sans évoquer les deux autres.

LE SEXE

Ce que les Mages Noirs appellent : « Amour », « Retour ou conquête de l'être aimé », pour ne pas effrayer le client...

Il s'agit en fait d'obtenir coûte que coûte les faveurs sexuelles de la personne convoitée et cela contre son gré (sans tenir compte de l'âge de la victime, qui peut être un mineur...). Ce qui est un viol.

On peut obtenir également : Provoquer une intense attirance sexuelle, avoir du succès auprès du sexe opposé, multiplier les conquêtes, être capable d'accomplir des « exploits » sexuels avec un ou plusieurs partenaires, etc.

L'ARGENT

Dans le sens du POUVOIR NEGATIF que peut donner l'argent :

Les personnes du sexe opposé à profusion (sexe et argent sont liés). Mais également tout ce qui peut susciter l'envie, la jalousie :

Luxe criard, voitures de grosses cylindrées et de préférence très voyantes, très grandes résidences secondaires ou châteaux, vêtements et accessoires avec la marque réputée bien en évidence, etc.

Dans le domaine professionnel, on peut obtenir : Être impérativement le premier, le meilleur. Au besoin éliminer les concurrents dans le domaine professionnel, ou éliminer physiquement les chefs, etc.

Car la Magie Noire, dans certains cas, peut provoquer la mort d'une ou de plusieurs personnes. Directement ou indirectement.

LE POUVOIR

Le POUVOIR. Dans le sens le plus large du terme.

Obtenir le POUVOIR. Absolument. Par tous les moyens.

En procédant à l'élimination des rivaux en les discréditant, en révélant des fautes graves ou en éliminant physiquement le gêneur. Car la Magie négative peut tuer dans l'au-delà et se transformer sur la terre en accident. Les tueurs (le Mage négatif et son commanditaire) échapperont à la Justice des hommes, mais pas à celle de Dieu !

Il peut s'agir d'industriels, de chefs d'entreprises, d'hommes politiques, de salariés qui veulent obtenir une promotion ou un poste de commandement…

Avec cet état d'esprit, le lien avec le sexe et l'argent est évident :
Obtenir le POUVOIR qui donne accès au SEXE et à L'ARGENT.

Note : *Le Sexe et l'argent sont les principaux mobiles de crimes.*
L'argent et le pouvoir sont en corrélation.
L'argent donne le pouvoir et le pouvoir procure de l'argent.

LES TRAVAUX OCCULTES NÉGATIFS

La Magie noire : 3 niveaux

Il y a plusieurs formes de Magie Noire :
La magie tellurique, la magie des campagnes, la magie égrégorique, le Vaudou, la Cabale négative…

Les rituels des travaux occultes négatifs sont également très variés : Prières incantatoires individuelles ou en groupe (secte) sous la direction du « maître » avec utilisation de symboles, talismans, baguettes maléfiques (*), épées, poignards, présence du feu (élément avec lequel travaille l'Abîme) tels que torches ou brasiers, sacrifices de volatiles, d'autres animaux ou d'êtres humains….

Il n'est pas question d'énumérer ici toutes les formes de Magie noire et leurs rituels mais plutôt d'en expliquer les principes et les résultats escomptés.

On peut distinguer trois niveaux de Magie Noire :

1. **La « petite » Magie Noire**. Celle que l'on peut faire chez soi, avec ses petits livres, ses petites recettes qui donnent peu de résultats et beaucoup de problèmes de « choc en retour », entre autres, qui peuvent être très lourds de conséquences pour l'imprudent. (voir « le choc en retour » page 192). C'est

---

(*) *Ces baguettes ont fait l'objet d'un rituel particulier.* ***Des entités de l'Abîme*** *extrêmement dangereuses (naturelles ou créées par Magie, Anges, Égrégores, etc.), liées à ces baguettes,* ***sont contraintes d'obéir sous la menace*** *à celui qui a pratiqué le rituel. De là provient, notamment, la fin atroce de certains mages négatifs. Lorsque ce dernier commet une erreur les entités de l'Abîme retrouvent leur liberté. Pour se venger de cette captivité, elles se jettent sur le mage négatif avec une férocité inimaginable dans l'invisible. Le corps astral du Mage est d'abord détruit dans l'invisible. Puis une réaction en chaîne se produit sur les autres corps, provoquant la mort physique qui peut être en rapport avec le Feu, élément des Anges de l'Abîme. Il peut s'agir du feu terrestre (incendie, électricité…) ou sous la forme de sentiments (crime passionnel, jalousie, colère…).*

également la Magie noire exercée par le Mage négatif de quartier aux mille promesses que l'on trouve dans les petites annonces affublé de titres pompeux et ridicules. Les Mages négatifs qui sont véritablement efficaces et puissants ne font pas un tel étalage de leurs pouvoirs sur la place publique.

2. **La Magie Noire exercée par des « professionnels » (marabouts, sorciers...).**
   Ils forment parfois des « chaînes » qui les relient entre eux pour se protéger des chocs en retour en cas de désenvoûtement (voir chapitre « Les exorcismes, désenvoûtements » page 187). Dans ce cas de figure, il y a généralement trois acteurs : Le client (le commanditaire), le Mage Noir et la victime. Le client demande au Mage Noir d'effectuer une action malfaisante sur la victime. Même s'il s'agit d'un envoûtement « d'amour », il s'agira en fait de rapports amoureux forcés, donc d'un viol, puisque la victime sera dans un état second provoqué par l'envoûtement qui la contraint à accepter des rapports sexuels qu'elle refuserait catégoriquement dans un état normal.

3. **La Cabale négative, qui est la plus puissante de toutes et que SEULE la cabale chrétienne** (dont il est question dans ce livre), **peut contrer.**
   [N'oublions pas que c'est Jésus-Christ qui a ouvert les Portes du Ciel pour l'humanité entière. C'est Jésus et ses messagers qui permettent aujourd'hui au monde entier d'invoquer les Anges.] Ceux qui pratiquent cette Cabale négative sont, entre autres, les ANTECHRIST dont il est question dans la Bible.

La Magie Noire peut donc être pratiquée à différents niveaux : De la simple prière négative individuelle, en passant par les prières de groupes ou de sectes qui agissent 24h/24 et 7j/7, jusqu'aux rituels qui incluent des sacrifices animaux ou humains.

Les mages négatifs

Tout d'abord, il faut bien se persuader d'une chose :

IL N'Y A PAS DE « BON » MAGE NÉGATIF.

Ce dernier doit faire un pacte avec les Forces du Mal (qui portent de nombreux noms : Diable, démons, Lucifer, Belzébuth, Mammon, Anges de l'Abîme, etc.) par lequel il s'engage à nuire le plus possible à toute la Nature (Minéraux, Végétaux, Animaux et Humains).

Les mauvais esprits (humains dirigés par l'Abîme) tentent de nous faire croire dans certains films ou livres qu'il y a de bons et de mauvais mages négatifs, sorciers, etc..

Notre époque étant dirigé par l'Abîme et ces films ou ces livres étant conçus pour jeter le trouble dans les esprits, ils sont assurés d'un succès planétaire.

Les mensonges contenus dans ces livres ou ces films troublent le **corps mental** (les pensées), provoquant par voie de conséquence un désordre dans le **corps astral** (les sentiments) qui ne sait plus exactement s'il doit aimer ou redouter un mage négatif. Ce qui est le but à atteindre :

Ne plus distinguer le vrai du faux. Le Bien du Mal.

Ce qui entraîne, par voie de conséquence, à avoir de la sympathie ou à aimer terrestrement des êtres dont l'âme est diabolique. Êtres diaboliques qui sont toujours d'apparence aimable puisqu'ils sont dans « leur monde ». Notre monde inversé…

****

En fonction du niveau du Mage noir (ou du sorcier), qui correspondra à l'un des trois niveaux de magie noire évoqués précédemment, ses objectifs seront différents :

▶ Le Mage négatif de bas niveau

Il agira pour résoudre les affaires courantes : Problèmes de couple, petits commerces en mal de clientèle, voyance bon marché... Ce sont les voyances négatives alimentaires destinées à piéger les naïfs ou à assouvir de petites vengeances ou des ambitions modestes. Il y aura peu ou pas de dégâts, sauf au niveau du portefeuille.

▶ Les sectes : Mage, gourou d'une secte et « chaînes » de mages négatifs

Il s'agit d'une Magie noire plus puissante et plus dangereuse car elle a créé un égrégore qui exécute les ordres du Mage ou du gourou (voir ce chapitre page 183). Les personnalités, dans tous les domaines, sont convoitées par ces groupes : Politique, finances, commerce, stars du show-business, de la chanson, du cinéma, de la télévision, etc. Le monde étant corrompu, l'échange de bons procédés est simple. La secte assure sa promotion grâce à la diffusion à grande échelle de l'appartenance de cette personnalité à son groupe. La personnalité voit son aura s'accroître grâce au travail invisible de l'égrégore et des prières de la secte qui l'alimente.

▶ La Cabale négative

Le Mage négatif qui pratique la Cabale négative de haut niveau représente ce qu'il y a de plus abominable dans l'invisible et sur terre. Ce sont ceux qui, dans leurs vies antérieures ont accompli les plus grandes atrocités visibles et invisibles. Ils sont aujourd'hui, dans le secret, au service de l'Antéchrist. Ce dernier fait croire à ses subordonnés qu'il souhaite instaurer le royaume de Satan sur terre. Il leur fait miroiter qu'il leur accordera une place à côté de lui pour dominer le Monde.

Mais, chose étonnante pour un être de l'Abîme, il leur ment !
La réalité est toute autre. L'Antéchrist n'a qu'un seul but : Détruire la création toute entière car il a une haine féroce contre Dieu, Jésus et la race humaine en général. Par cette destruction, animée par sa haine de Dieu et de ses serviteurs, il souhaite faire du Mal à Dieu. Comme certains hommes se vengent d'une femme en tuant ses enfants.

Car la Magie Noire n'a qu'un seul but :
Nuire à la Création toute entière par tous les moyens.
C'est le combat qui se déroule actuellement dans le monde entier, ce qui explique tous les évènements dramatiques actuels relatés par tous les médias.

• La cabale chrétienne

La Cabale négative ne peut être combattue que par la Cabale Chrétienne (celle dont il est question dans ce livre) qui est TOUJOURS victorieuse. Quel que soit l'Adversaire, sa force et son nombre.

QU'EST-CE QU'UN ENVOÛTEMENT ?

C'est la conséquence directe de ce qui vient d'être expliqué dans le chapitre précédent : « Les travaux occultes négatifs » (page 170)

Tout d'abord, il faut être conscient que tous ceux qui pratiquent la Magie Noire sont à l'image de leur Maître : Des menteurs. Quel que soit le nom des travaux occultes qu'ils effectuent, il s'agit en finalité d'une action extrêmement préjudiciable pour le commanditaire (le client) et la (les) victime(s). Par exemple, l'envoûtement d'amour (un des plus fréquemment demandé) n'a rien d'un acte d'amour. Il s'agit, en général, d'obtenir des relations sexuelles non consenties avec la personne convoitée.

Il s'agit donc d'un viol qui échappe totalement à la Justice Terrestre (mais pas à la Justice Divine !). La victime est, en quelque sorte, privée de toute volonté et accepte ce que dans son état normal elle refuserait catégoriquement.

> Note : Ce type d'envoûtement peut être décelé par l'entourage lorsqu'une jeune fille (cas fréquent) a repoussé les avances d'un homme et qu'un mois plus tard, environ, elle ne jure que par lui. Elle s'installe chez lui et se brouille avec tous ceux qui l'aiment (parents, frères et sœurs…).
> Diviser pour régner ! C'est la devise de la Magie Noire qu'elle met en pratique et qui est redoutable d'efficacité.

Cette pratique, pour le commanditaire (le violeur), est extrêmement dangereuse. En effet, on ne joue pas impunément avec les Forces du Mal. Ces Forces ne sont pas fidèles et elles sont infiniment plus dangereuses que le pire des criminels sur terre. Lorsqu'elles se retournent contre le commanditaire (en fonction des cycles lunaires ou à la suite d'un exorcisme qui délivre la victime) elles sont redoutables de perversité. Cela peut aller jusqu'à la destruction physique du commanditaire (la mort). (Voir le chapitre « Le choc en retour » page 192)

Mais cela, le Mage Noir le taira. Il dira ce que le commanditaire souhaite entendre : *« Cette personne vous aimera sentimentalement et sexuellement, elle vivra chez vous, elle vous obéira comme un petit chien, elle sera fidèle, etc. »*.

Un envoûtement, par son action dévastatrice, peut être très préjudiciable pour celle ou celui qui le subit ainsi que pour son entourage.

LES SYMPTÔMES D'UN ENVOÛTEMENT

(Note : Les caractéristiques énumérées ci-dessous ne se manifestent pas TOUTES simultanément. Elles sont données à titre d'exemples. Elles permettront à l'entourage d'une personne qui présenterait certains de ces signes d'envisager la possibilité d'un envoûtement. Avec la prudence qui s'impose pour éviter toute conclusion hâtive.)

Tous les signes énumérés ci-dessous sont plus prononcés pendant la Pleine Lune.

La personne elle-même

Concernant le comportement : Changement brutal d'attitude, colères très violentes, agressivité tournée vers les autres et/ou autodestructrice, peut proférer des menaces, elle s'isole de ceux qui l'aiment véritablement, elle veut faire « ce qu'elle veut ».

Elle peut (ce n'est pas obligatoire, heureusement) subitement s'adonner à la boisson alcoolisée, à la drogue, à une vie sexuelle débridée, dormir n'importe où, avoir de mauvaises fréquentations. En bref devenir le contraire de ce qu'elle est habituellement.

Concernant les anomalies physiologiques : Aspect général négligé inhabituel (ne se rase plus [homme], ne se maquille plus [femme], vêtements sales ou troués, ne fait plus sa toilette, sent mauvais…).

Ongles violacés, mains fripées, visage très ridé, cernes « noirs » sous les yeux, regard vitreux et/ou avec une certaine fixité, tendance à l'immobilisme et/ou à la prostration, santé générale fragilisée.

Elle souffre parfois d'un froid intérieur très intense malgré une température ambiante confortable : Sensation d'avoir froid aux os malgré un appareil chauffant qui lui brûle la peau (omelette norvégienne).

Aspects psychologiques et physiologiques : Sentiment de fatigue permanente, découragement, dépression, insomnies, se lève fréquemment la nuit, cauchemars, terreurs nocturnes, suées nocturnes/diurnes avec sentiment d'oppression et/ou de persécution, respiration difficile, rythme cardiaque élevé, le cœur « cogne » très fort dans la poitrine, etc.)

La famille / Les amis : Diviser pour régner

Mésentente, disputes violentes, la famille vole en éclats. Elle ne veut plus les voir, se dispute avec eux, …

En ce qui concerne la famille et les amis : Plus les liens affectifs étaient forts avant l'envoûtement, plus les disputes seront violentes.

Elles peuvent aller jusqu'à la haine (insultes, langage ordurier, violences physiques, coups, gifles…).

En réalité, la victime souffre de cette situation. Elle est déchirée entre son sentiment véritable d'Amour profond pour sa famille, ses amis, et cette Force maléfique, rusée et perverse, qui lui souffle des horreurs à l'oreille (dans l'invisible). Pour la persuader que ceux qu'elle aime lui veulent du mal. Elle est en même temps terrifiée par cette Entité maléfique, au niveau de l'âme, et elle lui obéit tout d'abord par peur. Puis, comme dans les sectes, la répétition incessante des mêmes mensonges vaincra sa résistance par peur, par épuisement. Elle finira par croire que ces odieux mensonges sont la vérité. Elle aura alors une vision totalement déformée de la réalité et seul un exorcisme pourra la libérer de l'emprise de ces Forces du Mal.

Le domicile

Problèmes électriques inhabituels et répétitifs, baisse d'intensité des lampes, de l'énergie électrique, fusibles qui sautent anormalement, appareils électriques endommagés, incendies, chaleur ou froid excessif dans la maison, invasion de fourmis, cafards, araignées, insectes divers, rats, de l'eau suinte sur les murs sans raison apparente, visualisation de visages hideux dans la pénombre ou de bandes vertes...

L'activité professionnelle

Chute brutale du chiffre d'affaires ou anéantissement de l'entreprise, les clients se font rares, procès, conflits de toutes sortes, perte d'emploi salarié, impossibilité de retrouver un travail malgré de bonnes qualifications...

LA POSSESSION

La possession est la forme la plus grave de l'envoûtement.

Pour expliquer ce phénomène, prenons un exemple :

Une personne (**l'âme**) conduit son véhicule (**le corps**) avec des vitres teintées noires, ce qui empêche d'identifier le conducteur. Alors que le véhicule est à l'arrêt, la portière côté conducteur s'ouvre et un homme, révolver au poing (**le démon**), lui intime l'ordre de s'asseoir côté passager. Sous la menace, le conducteur s'exécute. L'agresseur monte dans le véhicule, assomme le conducteur et démarre en trombe.

Tandis que le propriétaire du véhicule (l'âme) est sans connaissance, l'agresseur (le démon) va commettre des infractions gravissimes avec le véhicule (le corps), provoquer des accidents avec dommages corporels, voire des morts, se rendre responsable de délit de fuite, etc.

Ses forfaits accomplis, l'agresseur stationne le véhicule dans une ruelle déserte. Après avoir placé le propriétaire du véhicule (toujours sans connaissance) à la place du conducteur, il s'enfuit sans être vu par qui que ce soit.

Alertée par de nombreux témoins qui ont relevé le numéro de la plaque d'immatriculation, la police retrouve le véhicule. Elle procède à l'arrestation du conducteur qui, malgré ses protestations, sera arrêté, jugé et condamné.

Dans de telles circonstances, il est difficile d'imaginer que le propriétaire du véhicule, retrouvé assis devant le volant du véhicule formellement identifié par de nombreux témoins, n'est pas l'auteur des infractions.

Terrestrement, personne ne saura que le conducteur qui a commis tous ces délits n'était pas le propriétaire du véhicule.

Seul un puissant exorcisme peut chasser le démon d'une personne possédée.

(Voir « exorcismes et désenvoûtements » page 187)

LES MAISONS HANTÉES
(les fantômes)

Les Maisons hantées et les fantômes peuvent prêter à sourire, mais c'est pourtant une réalité. Cela peut se produire dans de nombreux types d'habitations (maison, appartement...) et dans n'importe quelle pièce habitée ou cave, grenier....

Les manifestations des esprits qui occupent les lieux sont les suivantes :

Objets qui bougent ou se déplacent, froid intense sans raison apparente, craquements des meubles, bruits de coups sourds, problèmes électriques, bruits de pas, sensation d'être observé, oppression, cauchemars fréquents ou insomnies, apparition d'un fantôme en entier ou d'un visage, ombre noire qui passe à proximité, voix...

Différents évènements passés peuvent être à l'origine de ces phénomènes :

- ▶ Des morts violentes (assassinats, meurtres...) provoquent parfois chez les victimes un irrésistible désir de vengeance qui les maintient dans les lieux. Parfois, la condamnation de leur assassin peut suffire à apaiser leur âme et leur permettre de repartir dans l'au-delà où ils retrouveront des êtres chers.

- ▶ Un lien sentimental puissant relie ce lieu à l'ancien propriétaire décédé qui tente de veiller sur son bien. Pour le protéger d'une démolition ou de transformations qu'il juge trop importantes. Pour le conserver en l'état.

- ▶ Une pièce (existante ou murée) dans laquelle se déroulaient des opérations puissantes de Magie Noire avec sacrifices d'animaux ou d'humains. Ancienne habitation d'une secte ou d'un Mage négatif.

Il ne faut pas avoir peur de ce type de manifestation. Il peut s'agir d'un « fantôme » ou d'un spectre, mais il est possible que vous soyez victime d'un acte de malveillance (Magie Noire).

Dans tous les cas vous pouvez pratiquer sur vous-même un exorcisme, pendant neuf jours de suite, qui assainira également tout ce qui vous appartient et les lieux que vous fréquentez.

Si vous devez faire appel à un « professionnel », soyez prudent(e) et prenez des renseignements sur cette personne avant de vous engager. Bien souvent, ce n'est pas le fantôme de votre maison qu'il chassera mais l'argent de votre porte-monnaie !

LES ÉGRÉGORES

Un égrégore est une entité qui n'existe pas normalement dans l'astral.

Création d'un égrégore.

Il est engendré par un groupe de personnes qui, en se réunissant, forment un groupe de pensées puissant : Adeptes d'une religion, fans d'un artiste, membres d'un parti politique, supporters d'un sport, membres d'une secte… Tous les membres du groupe ont des intérêts communs mais chacun d'entre eux peut avoir un but différent, qui lui est propre.

Un égrégore peut être positif ou négatif.

Il est positif lorsqu'il est créé par un mouvement religieux pacifique, par des associations bienfaisantes qui soignent et soulagent la souffrance du monde…

Il est négatif si c'est un être malfaisant qui l'engendre. C'est le cas des prières de groupe (secte), effectuées sous la direction d'un gourou ou d'un Mage Noir. Ce dernier donne à l'égrégore une direction, une mission à laquelle chaque membre du groupe doit adhérer.

Vie et puissance de l'égrégore

La puissance de l'égrégore est dépendante du nombre de membres et de l'intensité des pensées émises en relation directe avec la mission qui lui a été assignée.

L'égrégore positif ou négatif, une fois constitué, se nourrit des pensées, des connaissances, des sentiments et des aspirations de chaque membre. Toutes ces informations forment une extraordinaire base de données à laquelle chaque membre à accès.

L'égrégore est un être vivant qui, comme les humains, doit se nourrir pour devenir de plus en plus fort. Pour cela, il est vital de réunir périodiquement les membres du groupe pour l'alimenter. C'est pour cela que les égrégores les plus puissants sont ceux formés par les groupes religieux, les partis politiques et les sectes.

Les rituels journaliers pour les groupes religieux et les sectes, d'une part, et les meetings très fréquents pour les partis politiques d'autre part, représentent de formidables opportunités pour regrouper un grand nombre de participants qui, par leur ferveur, vont fournir une énergie considérable à l'égrégore.

De même que le corps est humain est constitué de cellules, les membres du groupe deviennent une cellule de l'égrégore. Chaque membre apporte sa contribution énergétique à l'égrégore en fonction de son adhésion d'esprit et de son assiduité aux rituels ou évènements qui l'alimentent.

Égrégores créés par des stars féminines

Certaines stars féminines sont capables de générer des égrégores d'une puissance considérable. **La séduction** est la caractéristique principale de la femme. Elle veut plaire, se faire remarquer, susciter l'admiration. C'est naturel et tout à fait normal.

Par contre, certaines femmes usent de cette séduction d'une manière diabolique.

Par leur comportement elles provoquent des fantasmes à orientation sexuelle chez les hommes. Certains diront qu'il ne s'agit que d'une simple pratique commerciale…

En réalité c'est bien plus grave pour deux raisons :

- **C'est le corps mental (les pensées)**, le point de départ de toute chose pour l'être humain, qui est touché et dévié de sa route. Car l'intérêt des êtres de l'Abîme (et leurs nombreux représentants sur terre) est de pervertir les âmes en orientant leur esprit vers des rêves malsains, vers l'inaction. Ceci dans le but de continuer à agir dans le secret pour conserver et développer leur Pouvoir maléfique sur le Monde. Accéder aux plus hautes responsabilités, au Pouvoir (politique, commerce, finances) pour exploiter et opprimer les peuples et surtout les maintenir dans un état végétatif PAR LE RÊVE.
- **Par l'accumulation des fantasmes** dirigés VERS LA MÊME PERSONNE (qui prend alors la place du Mage Noir et de son rituel), un égrégore se constitue en proportion de la force du désir de la multitude d'êtres humains qui IDOLÂTRENT cette femme (on parle alors de « fans »).
  Ces fluides peuvent être extrêmement puissants et nourrir avec une très grande force l'égrégore qui va se développer et devenir peu à peu une sorte de monstre gigantesque dans l'astral.

Cet égrégore, comme tout être vivant, est animé par l'instinct de conservation.

Il va donc se battre, pour continuer à exister, sur deux plans principaux :

1. **En aidant sa « protégée » à acquérir davantage de notoriété.** C'est son fonds de commerce. Sans elle, il y a peu de chance qu'il trouve sa jumelle astrale. Il serait alors condamné à dépérir progressivement et à retourner dans le néant ! Comment va-t-il aider sa protégée ? En mettant tout en œuvre pour maintenir sa notoriété. En lui suggérant des idées perverses concernant des attitudes et des poses suggestives, des tenues vestimentaires provocatrices, des clips ou des films sulfureux susceptibles de provoquer des scandales et de mobiliser les médias… Mais également en la mettant en contact avec des personnes qui ont les mêmes idées, les mêmes orientations. Or qui, mieux qu'un être qui vit dans l'astral, peut découvrir tous ces personnages (producteurs, compositeurs, paroliers, scénaristes, dialoguistes, metteurs en scènes…), qui vont développer la notoriété de sa protégée ? Dans l'astral il n'y a pas moyen de se dissimuler, comme sur terre, derrière une apparence. Chacun à l'apparence exacte de ce qu'il (elle) est véritablement !
2. **En cherchant des « clients », des « fans »**, des âmes influençables, jeunes, faibles ou basses pour les attirer vers cette « créature de rêve ». Ce sera l'imprésario parfait dont pourrait rêver tout(e) artiste. Celui qui trouve des clients sur mesure et qui sait comment les attirer dans ses filets.

Comment se détacher d'un égrégore

Se détacher d'un égrégore est une tâche délicate. Dans certains cas, l'opération peut se révéler dangereuse s'il s'agit de l'égrégore d'une secte dirigée par un puissant gourou ou Mage noir.
Dans ce cas, il faut faire appel à un spécialiste de l'exorcisme ou du désenvoûtement **chrétien** afin de se mettre sous la protection de cet égrégore (celui du Christ) qui est le plus puissant… malgré les apparences.

Il ne faut jamais quitter un égrégore sans se mettre sous la protection d'un égrégore de puissance équivalente ou supérieure.

Certains égrégores sont missionnés par le gourou ou le Mage noir, **à l'insu des adeptes**, pour nuire gravement à ceux qui quittent la secte. Cela peut aller jusqu'à l'élimination physique qui aura, pour le commun des mortels l'apparence d'un phénomène normal, d'un fait divers… Comme un accident de la circulation ou une chute accidentelle, par exemple.

EXORCISMES ET DÉSENVOÛTEMENTS

Les mots « exorcisme » et « désenvoûtement » sonnent un peu « moyen Âge ». Certains s'étonnent, d'autres se moquent, d'autres encore considèrent qu'il s'agit d'anciennes pratiques révolues.

Il est vrai que la Magie noire n'est pas médiatisée. Cela s'explique par le fait que la plupart des médias sont au service des puissants, eux-mêmes au service de l'Abîme. Il est donc logique que ce soit un sujet tabou ou tourné en dérision puisque nous vivons dans un monde diabolique et que le principe de la Magie noire est d'attaquer par surprise. Comme les fauves attaquent leurs proies.

Pourtant la Magie noire existe bel et bien et il nous faut la combattre.

Mais là encore **la prudence et le discernement s'imposent**.

Deux cas peuvent se présenter :

L'envoûtement karmique

Ce type d'envoûtement provient des erreurs commises dans les vies passées.

Ce sont les personnes « à la nuque raide » dont parle la Bible.

Dieu nous aime et agit toujours en Père bienveillant et Juste. Il nous accorde le droit à l'erreur avec un degré de tolérance bien supérieur au plus magnanime des humains.

Voici, ci-dessous, les 4 étapes du processus de la Justice Divine :
(Voir « Le chiffre 4 » page 18)

1. **La voie d'Amour :** Lorsqu'un être humain s'égare ou commet des erreurs, Dieu déclenche le processus de compréhension par la voie d'Amour. L'Ange qui est en charge de cet être humain (son Ange Gardien) lui indique la bonne voie ou le met en garde contre les dangers qui le guettent. Pour celui qui écoute les sages conseils de son Ange Gardien, tout rendre dans l'ordre.

2. **Les avertissements :** Si cette personne persiste dans la voie du Mal, qui est en fait la voie de l'ignorance, son Ange Gardien (messager de Dieu) lui adresse des avertissements de plus en plus sévères, représentés symboliquement par les **dix** plaies d'Égypte (Exode, chapitres 7-12).
   *(Remarquez le chiffre **dix**, comme les **dix** commandements)*

3. **Le Jugement :** Enfin, lorsque le récalcitrant a épuisé toutes les solutions de clémence, le jugement est prononcé. Les Anges de l'Abîme vont se charger de lui faire comprendre ses erreurs par la Souffrance. Souffrance qui s'amplifiera jusqu'à l'obtention de l'effet souhaité : La CONNAISSANCE.

4. **La voie de la Souffrance :** Les Anges de l'Abîme sont des experts dans le domaine de la Souffrance et de la perversité. Ils savent déceler les faiblesses, même chez le criminel le plus endurci, et s'en servir pour torturer l'âme, le corps, ou les deux à la fois. Nul ne peut résister à un tel traitement. Grâce à sa propre Souffrance, cette personne prendra conscience (au niveau de l'Âme) de ses erreurs et elle renoncera à poursuivre dans cette voie.
   (Voir « La Loi du Talion » page 49)

Dans ce cas, l'exorcisme est à exclure totalement : Les Anges de l'Abîme sont désignés pour exécuter une décision de la Justice Divine. Effectuer un exorcisme sur cette personne (demander l'expulsion des Anges de l'Abîme !) serait donc non seulement inutile, mais également malvenu et déplacé puisque le Jugement est sans appel compte tenu des nombreux avertissements qui ont été adressés au récalcitrant.

L'acte de malveillance

Dans ce second cas, il s'agit d'un envoûtement provoqué dans le but de nuire à la victime. Il est donc vital et urgent de procéder à un exorcisme pour chasser l'entité négative. **Les cas les plus fréquents, en Magie noire, concernent trois domaines :**

1. **Le POUVOIR :** POUVOIR POLITIQUE pour devenir un véritable dictateur avec masque de démocratie et de compassion, POUVOIR SECTAIRE avec fond de religion pour donner libre cours à une sexualité débridée (polygamie, pédophilie…) justifiée par un soi-disant titre « d'Élu » de Dieu, POUVOIR FINANCIER pour exploiter son prochain par toutes sortes de moyen, etc.

2. **Le SEXE :** Obtenir les faveurs sexuelles d'une femme ou d'un homme contre son gré (= viol), obtenir un mariage forcé avec une personne très riche, avoir une esclave sexuelle (soumise grâce à la Magie noire) pour donner libre cours à des perversités et des déviations de toutes sortes, etc.

3. **L'ARGENT :** Obtenir d'être en contact avec des personnes très riches pour les manipuler, les voler, les exploiter, les escroquer et pouvoir procéder de la même manière avec leurs nombreuses relations, fortunées également.

Ces trois domaines sont en corrélation :

- **Le POUVOIR** procure de l'argent. Les deux réunis procurent le sexe. Nombreux (ses) sont celles et ceux qui sont attirés par le pouvoir et l'argent.

- **Le SEXE** procure le pouvoir sur l'autre. Il permet de gagner de l'argent mais également l'accession au pouvoir grâce aux relations acquises par ce moyen. Avec chantage éventuel grâce à des photos compromettantes.

- ▶ **L'ARGENT** permet d'accéder au pouvoir. La conjugaison de l'argent et du pouvoir donne accès au sexe (même résultat que pour le pouvoir)

L'exorcisme

L'exorcisme doit être pratiqué de préférence par un professionnel sérieux et chrétien. Dans certains cas, un exorcisme peut être dangereux pour celui qui le pratique.

Notamment lorsque l'envoûtement a été pratiqué par un Mage négatif qui fait partie d'une chaîne de Mages ou si l'envoûtement provient de la Cabale négative.

Reprenons le principe de l'envoûtement pour comprendre l'exorcisme qui est le phénomène inverse.

Dans un envoûtement, trois personnes sont concernées :

- ▶ **Le commanditaire** (le client du Mage négatif)
- ▶ **Le Mage négatif**
- ▶ **La victime**

Le commanditaire paie le Mage négatif pour qu'il effectue des travaux occultes sur la victime. Les résultats sont plus ou moins puissants (efficaces) en fonction de la Magie pratiquée et du niveau du Mage négatif.

Concernant le processus de désenvoûtement ou d'exorcisme :

L'exorciste chasse le « démon » (l'entité, les ondes négatives…) de la victime. Les ondes négatives retournent **automatiquement** à l'envoyeur, c'est-à-dire sur le Mage négatif et le commanditaire.

- ▶ Si le Mage négatif fait partie d'une chaîne et qu'il n'a pas protégé le commanditaire, les ondes négatives retournent sur le commanditaire seulement.

- ▶ Si le Mage négatif fait partie d'une chaîne et qu'il a protégé le commanditaire, les ondes négatives se heurtent à un mur et retournent sur l'exorciste. Dans ce cas, pratiquer un exorcisme avec la Cabale positive est obligatoire. Après quelques allers-retours, les ondes négatives retourneront définitivement sur le Mage négatif et le commanditaire.

- ▶ Si le Mage négatif pratique la Cabale négative, l'utilisation de la Cabale positive est absolument obligatoire. Pour obtenir la délivrance de la victime et la protection de l'exorciste.

Concernant l'intervention d'un exorciste :
Lorsqu'un exorciste doit intervenir, sollicité par la victime ou par un parent proche, il doit analyser la situation avant d'envisager de pratiquer un exorcisme. Deux cas de figure peuvent se présenter à lui :

L'envoûtement provient d'un acte de malveillance (Magie noire). Dans ce cas, l'exorciste envisage les différentes possibilités énumérées ci-dessus pour adopter la cérémonie d'exorcisme la plus appropriée. La plus courte, la plus simple et la plus efficace étant celle de la Cabale positive qui ne comporte qu'une dizaine de lignes.

L'envoûtement est de type karmique (en provenance des vies antérieures). L'exorcisme est proscrit car il se révèlera très rapidement inefficace et la situation reviendra à son point de départ dans un délai d'environ trois mois. Comme il est écrit dans le chapitre **l'envoûtement karmique** (page 187) :

« Les Anges de l'Abîme sont désignés pour exécuter une décision de la Justice Divine. Effectuer un exorcisme sur cette personne (demander l'expulsion des Anges de l'Abîme !) serait donc non seulement inutile, mais également malvenu et déplacé puisque le Jugement est sans appel compte tenu des nombreux avertissements qui ont été adressés au récalcitrant ».

LE CHOC EN RETOUR

Le choc en retour est la conséquence naturelle d'un exorcisme. C'est l'application de la Justice Divine. L'entité expulsée est automatiquement reliée d'une manière invisible à celui ou ceux qui lui ont ordonné de prendre possession d'un corps. En l'occurrence le Mage négatif et le commanditaire.

L'entité, chassée de la victime par l'exorciste, cherche un corps à occuper pour avoir un moyen d'action terrestre. Elle persistera tant qu'elle n'aura pas intégré un corps ou tant qu'elle ne sera pas renvoyée définitivement dans l'Abîme. Cette entité va agir de la même manière que le plus féroce des fauves qu'on force à quitter son emplacement favori à coups de bâton. Elle se déchaîne, ivre de fureur. (*)

Il ne faut pas en avoir peur mais, comme un dresseur de fauves, il faut bien connaître ses réactions afin de limiter les risques. La puissance du choc en retour sera également fonction de l'entité à combattre (démon, égrégore) et de la durée de l'envoûtement. Au fur et à mesure que le temps passe, l'entité prend de la puissance et s'enracine dans la victime. Elle prend de la force et de l'ampleur en se nourrissant de l'énergie vitale (corps éthérique) de sa victime qui est épuisée.

Seul un exorcisme peut expulser l'entité et délivrer la victime.

Il est prudent de préciser qu'un exorcisme pour une autre personne présente indéniablement des risques. D'autre part, pour l'exorciste, c'est un combat avec l'entité qu'il doit expulser et cela se concrétise souvent par de la « scoumoune » (malchance, poisse) tant que le combat n'est pas terminé.

Pour celui qui a la **FOI** et qui agit avec **JUSTICE** (et pas avec le cœur !) rien est impossible. **La victoire sur les puissances du Mal est assurée si la cause est juste !**

(*) *C'est ce qui se produit actuellement au niveau mondial. Du fait d'un renouveau de la spiritualité, de plus en plus de personnes prient les Anges. L'intensification des fluides positifs des Anges sur terre, du fait qu'ils se rapprochent de nous, annihile les pouvoirs des Mages négatifs contre lesquels se retournent les Forces négatives, libérées de leurs chaînes. Furieuses, elles dévastent tout sur leur passage. C'est ce qui explique les catastrophes mondiales actuelles qui sont annoncées dans « l'Apocalypse » de Saint Jean.* ***C'est la fin d'UN monde. Celui du Mal.***

CHAPITRE 6

COMMENT VAINCRE LE MAL

TRÈS IMPORTANT

Au vu de tout de ce qui a été expliqué précédemment, nous pouvons en tirer une série de conclusions de première importance :

TOUT CE QUI EST NÉGATIF PROVIENT DU CORPS ASTRAL, DES SENTIMENTS INCONTRÔLÉS.

Seul le CORPS MENTAL (les pensées), qui se développe actuellement, peut VAINCRE DEFINITIVEMENT LE MAL.

Vaincre par la CONNAISSANCE et la COMPRÉHENSION profonde des Lois Divines (les causes et les conséquences de tout). La CONNAISSANCE acquise provoquera un RAISONNEMENT JUSTE auquel le corps astral se soumettra naturellement.

C'est ainsi que LE MAL N'AURA PLUS DE PRISE SUR LES HUMAINS et qu'il sera DÉFINITIVEMENT ANÉANTI.

Ce n'est donc pas par une violence quelconque que le Mal sera anéanti, mais par la COMPRÉHENSION DES LOIS DIVINES.

C'est pour cela que tous les hommes de pouvoir actuels, ignorants et au service du Mal (c'est un pléonasme volontaire), s'opposent farouchement à la diffusion de la vérité !

Imprégnez-vous de ce message,
car de cela dépend la réussite de votre vie !

VIE INTÉRIEURE
-
VIE EXTÉRIEURE

Les expériences doivent être vécues extérieurement, puis intérieurement.

La vie extérieure est la projection de ce qui est à l'intérieur.

Expériences extérieures, puis intérieures

La terre est une ÉCOLE qui nous permet d'apprendre à discerner le Bien du Mal et un immense laboratoire dans lequel nous pouvons réaliser des expériences et en tirer des conclusions.

Ces expériences sont d'abord vécues **extérieurement** avec des personnages réels et des situations concrètes. D'où la nécessité pour l'âme de s'incarner pour expérimenter ses idées. Puis, lorsque les leçons ont été assimilées, des expériences de même nature seront vécues **intérieurement** pour se débarrasser **DÉFINITIVEMENT** du négatif.

Cela signifie que les combats se déroulent :

Sur terre avec le corps physique

Plusieurs incarnations sont souvent nécessaires pour comprendre dans les moindres détails les **ÉPREUVES** que nous devons subir.

Par exemple, pour comprendre la **colère**, une première expérience reposera sur une personne qui manifeste sa colère extérieurement avec violence (cris, insultes, bris d'objets, etc.).

Une seconde expérience, toujours sur la colère mais plus subtile, montrera l'extrême dangerosité de la colère rentrée, intérieure. D'apparence calme, cette personne peut un jour, sans prévenir, se transformer en meurtrier.

Cela ne signifie pas pour autant que celui qui extériorise sa colère n'est pas capable de commettre l'irréparable mais simplement qu'il faut apprendre à détecter la colère sous toutes ses formes.

Apprendre à distinguer la personne réellement calme de celle qui a en elle une véritable bombe à retardement.

Dans les autres Mondes avec les trois autres corps

Le but de l'être humain est d'obtenir **l'alignement des 4 corps** (voir page 199), c'est-à-dire une unité de pensées et d'actions entre les 4 corps.
Lorsque la phase terrestre de l'expérience a été réussie, elle doit l'être également avec les autres corps.

Reprenons l'expérience sur la **colère**. Le corps physique a identifié les différents comportements extériorisés et intériorisés de la colère. C'est utile, certes, mais dans le cas de la colère rentrée on ne peut s'en apercevoir que lorsqu'il est trop tard. Il est donc nécessaire de reconnaître **LES FLUIDES de la colère** pour prévenir le danger. Mais ça, le corps physique ne peut pas le faire. Il faut donc faire intervenir les autres corps.

Le corps mental (les pensées) doit être éduqué pour identifier les **pensées** du coléreux. Ses **intentions**. Avec de l'entraînement (voir « comment purifier / protéger notre corps mental » page 201) il sera possible de ressentir les **fluides** de la colère.

Le corps mental, tenu en éveil ou réveillé par les prières mentales aux Anges, **verra** les pensées du coléreux aussi clairement que nous voyons un panneau d'affichage. Le coléreux ne pourra plus se cacher, il sera démasqué.
Note : Certaines personnes parviennent même à percevoir les pensées de leur interlocuteur(trice). Ce qui est parfois très gênant dans notre monde d'hypocrites. Rares sont ceux qui disent ce qu'ils pensent et font ce qu'ils disent.

Le corps astral doit également être travaillé (prières parlées) pour qu'il parvienne à percevoir les **sentiments** du coléreux qui émettent **d'autres types de fluides**. Ce qui aura pour effet de **confirmer** les intentions du coléreux perçues par le corps mental.

Le corps éthérique sera protégé par les prières pensées et parlées. C'est par le corps éthérique que certains Mages négatifs parviennent à **voler les dons de naissance** pour les transmettre à des êtres malfaisants. En leur accordant la notoriété (parfois à leur insu), ils leur permettent d'utiliser les médias pour diffuser des messages négatifs à grande échelle. **Ces messages négatifs sont destinés principalement à endormir les différents corps en leur faisant croire que tout va bien.**

C'est par les prières pensées et parlées qu'il est possible de rester éveillé (ou de se réveiller), vigilant et de prendre conscience de la situation réelle sur tous les plans (mental, astral, éthérique et physique).

Projection de l'intérieur vers l'extérieur

Chaque être humain, en raison de ses vies successives, a un passé, un présent et un futur qui lui sont propres. Tous les personnages de sa vie, tous les évènements et toutes les situations résultent de ses actions passées.

Chaque être humain a ses propres fluides qui se projettent à l'extérieur et attirent ou repoussent des personnes, des évènements ou des situations (*).

En fonction de l'impulsion donnée à son existence, chaque être humain peut choisir la voie de l'évolution ou celle de l'involution *(sauf si un Karma « dur » (page 53) ou la Loi du Talion (page 49) l'en empêchent).* En conséquence, l'environnement de départ (à la naissance) peut parfois changer du tout au tout.

Les fluides positifs permettent à l'Ange Gardien de guider son protégé pour l'aider à trouver le meilleur chemin dans le dédale de la Vie et de le protéger en le détournant de ce qui pourrait lui nuire (personnages malfaisants, situations précaires, nuisibles ou dangereuses, accidents, attentats, épidémies, catastrophes naturelles, etc.)

(*) *C'est pour cela que la migration massive incontrôlée est négative. Elle entraîne ses problèmes avec elle dans le pays d'accueil qui en subit les conséquences.*

Les fluides négatifs ont l'effet contraire. L'être humain, par sa persistance dans le Mal, s'est lui-même déconnecté de son Ange Gardien qui a cédé sa place à son Frère de l'Abîme (le démon, l'Ange négatif, etc.). La négativité l'entourera de toutes parts. Il aura de mauvaises fréquentations, les évènements et les situations présentant une apparence positive au départ auront en finalité des conséquences fâcheuses, voire dramatiques.

Pour évoluer il est nécessaire, dans un premier temps, d'observer ce qui nous entoure pour détecter ce qui nous dérange, ce qui nous déplaît. Puis, dans un second temps, en chercher l'origine en nous-même. En étant intimement persuadé que **nous ne devons jamais accuser les autres**, mais nous considérer comme seul responsable de notre vie. De notre passé, de notre présent et du futur qui ne dépend que de nous.

C'est en améliorant nos pensées (corps mental), nos sentiments (corps astral) et en injectant une grande quantité d'énergie (corps éthérique) dans nos actions positives (corps physique) que nous pourrons modifier le cours de notre destin. Nous pourrons alors envisager le futur avec confiance (en Dieu) et avec sérénité.

LE BUT : L'ALIGNEMENT DES 4 CORPS

Pour être à l'image de Dieu, il faut obtenir l'alignement de nos 4 corps.

Nos **pensées**, nos **sentiments**, notre **énergie vitale** et notre **corps physique** doivent fonctionner en parfaite harmonie. (À l'inverse de « l'hypocrisie » – Voir page 29.

Autrement dit, le projet que nous élaborons et structurons mentalement (**corps mental**) doit être en accord avec nos sentiments (**corps astral**) et nous devons mettre toute notre énergie (**corps éthérique**) pour le concrétiser (**corps physique**).

Lorsque le projet a été élaboré mentalement, il ne doit pas dévier de sa route, comme c'est souvent le cas, à cause d'un conflit ou d'une décision arbitraire qui survient brusquement sur l'un des trois autres plans (astral, éthérique ou physique).

Chaque corps doit travailler en parfaite coordination avec les trois autres en respectant le plan initial établi par le corps mental. Les quatre corps se fondent en un seul et **l'Homme devient alors réellement un Dieu**, en ce sens qu'il a réintégré son Unité.

Il est donc non seulement **IMPORTANT DE PRIER** mais surtout de **SAVOIR COMMENT PRIER** pour obtenir ce résultat.

Le principe est très simple.

Pour agir sur le **CORPS MENTAL** qui réside dans le monde mental, il faut **PENSER** les prières sans les prononcer. Il s'agit de **prières silencieuses**.

Pour agir sur les **trois autres corps** (astral éthérique et physique), il faut réciter les mêmes prières **à haute voix** (il faut au moins s'entendre).

Il est très important de prier avec une grande intensité. Forte concentration mentale pour les prières silencieuses et extériorisation des sentiments pour les prières prononcées à haute voix.

Concernant le processus complet, mettre les prières dans l'ordre puis prier mentalement et à haute voix. (Voir « comment prier pour les 4 corps » page 202)

ACTIONS SUR LE CORPS MENTAL

Ce qui est écrit dans la page précédente démontre qu'il est vital de s'occuper de son corps mental **EN PRIORITÉ !**

C'est le CORPS MENTAL qui est principalement touché par l'Abîme. Il est pollué (alimenté négativement) de plusieurs manières :

Émissions de télévision et Internet : Discours politiques mensongers, débats entre hommes politiques corrompus, actualités tronquées ou inexactes, films comportant des scènes de violence extrême, films à caractère érotique ou pornographique avec déviances sexuelles accessibles à tous sur internet, films immoraux en général…

Presse : La rédaction d'un même fait, d'un même évènement ou concernant la même personne, diffère du tout au tout entre plusieurs journaux en fonction de leur orientation ou « sensibilité » politique. Ce qui est anormal.

Radio : Mêmes caractéristiques que la presse en remplaçant « rédaction » par « commentaires ».

Livres : Le livre est l'outil **le plus subtil** pour orienter l'esprit dans une direction donnée. Analysons brièvement ce qui se produit pendant la lecture. Le lecteur est absorbé par ce qu'il lit et il est dans un état d'ouverture d'esprit totale. Donc sans défense. Dans le cas d'un roman, le lecteur construit dans son esprit (**avec son corps mental**) les différents paysages décrits, puis les personnages et enfin les actions. Des sentiments sont exprimés également. L'écrivain parvient donc à toucher deux corps : **Le corps mental et le corps astral**.

Un écrivain négatif est **dangereux** parce qu'il mélange savamment des mensonges et des vérités. Ce procédé aura un effet dévastateur en créant le plus grand désordre au niveau des pensées et des sentiments du lecteur. À cause du conflit qu'il provoque entre les convictions intimes du lecteur et les mensonges contenus dans son livre.

Ce qui vient d'être brièvement exposé démontre L'IMPORTANCE DU CORPS MENTAL. Notre corps mental doit être fort et sain pour diriger tous nos corps. Toute action a pour origine une pensée, une idée !

De la qualité de cette pensée, de cette idée, dépend la qualité de notre action !

Comment purifier / protéger notre corps mental

Avant d'indiquer les actions nécessaires à la purification et à la protection de notre corps mental, il est nécessaire de situer le plan spirituel à atteindre.

Le corps mental évolue dans le monde mental. Le monde du silence. Le moyen de communication est **LA PENSÉE.**

UNE PRIÈRE POUR LE CORPS MENTAL DOIT ÊTRE SILENCIEUSE.

Il faut avoir l'impression d'entendre une voix dans sa tête. Il est nécessaire de rester très concentré. Si le corps mental est touché, la force négative qui y réside se défendra en envoyant des pensées perturbatrices dans le but de provoquer des erreurs dans les prières. Si cela se produit, il faut reprendre **toute** la prière en se concentrant davantage. Pour obliger notre esprit à **rester concentré sur la prière exclusivement.**

Nettoyage

Prière silencieuse. Il s'agit du principe exposé page 212 (« Nettoyage (prières) ») mais orienté vers le corps mental.

Exorcisme (sur soi-même)

Prière silencieuse. Dans les cas extrêmes. À n'utiliser qu'en cas d'absolue nécessité.
Dans ce cas, commencer par le nettoyage, puis l'exorcisme et enfin la protection.
(Voir « Les symptômes d'un envoûtement » page 177)

Protection

Prière silencieuse de la Cabale chrétienne.

Les 9 requêtes aux Archanges
Les 72 Psaumes correspondant aux 72 Anges de l'Abîme.

Ce type de protection est un véritable bréviaire contre la Magie Noire.

Comment prier pour les quatre corps

Attention, ceci est très important. Dans la Cabale, les prières ne se font pas n'importe comment. Il est conseillé de procéder comme suit :

• Choisir ses prières

Prières quotidiennes habituelles ou en fonction d'un besoin particulier

• Les mettre dans l'ordre

Comme indiqué dans la page précédente.
En premier, le nettoyage.
Exorcisme sur soi-même **à n'utiliser qu'en cas d'absolue nécessité**
Prières de protection, d'élévation, de guérison, etc.

• Prières pour le corps mental (pensées)

Il faut **PENSER** les prières dans l'ordre indiqué ci-dessus. Une prière pensée est une prière silencieuse (voir page précédente). Au début, cette opération simple en apparence présente des difficultés dues au manque de concentration. Des pensées extérieures intempestives viennent interrompre le bon déroulement de la prière. On s'aperçoit que ce n'est plus le texte de la prière qui est pensé. C'est bon signe. Cela signifie que vous touchez un domaine sensible. Reprenez **toute** la prière **en imposant votre Volonté mentalement.** Imposez-vous. Imposez vos pensées. Une méthode efficace consiste à s'aider par le mouvement des lèvres, qui est le même qu'une prière prononcée à voix haute, mais sans émettre aucun son.

• Prières pour les trois autres corps (parlées)

Vous prononcez **à haute voix les mêmes prières dans le même ordre.**

ACQUISITION DE LA CONNAISSANCE

Les nombreux exemples négatifs cités dans ce livre, ainsi que l'exposé des différentes pratiques utilisées par l'Abîme, ne représentent que quelques gouttes d'eau dans l'océan des actions des êtres dirigés par l'Abîme (visibles et invisibles). Il est impossible d'en établir une liste exhaustive car le Mal n'a pas de barrières et il se renouvelle sans cesse. Par conséquent, il faut envisager sérieusement la possibilité de se trouver un jour confronté à l'un des très nombreux pièges tendus par l'Abîme.

Pour celui QUI SAIT, les pièges sont tantôt grossiers, tantôt d'une incroyable subtilité. On parle alors de « l'INTELLIGENCE » DU MAL.

Pour vaincre le Mal, il faut avoir la CONNAISSANCE DU BIEN ET DU MAL.

Cette connaissance s'acquiert de deux manières :

1. Par la lecture

Là encore, se situent de nombreux pièges. Comme il est expliqué dans le présent ouvrage, le mental est particulièrement visé. Il est donc important, pour l'Abîme, de présenter au novice des ouvrages prétendument positifs qui, en fait, induisent en erreur le lecteur.

Certains auteurs sont particulièrement habiles pour mélanger le vrai et le faux. Il en résulte, pour le lecteur, un état de plus grande confusion mentale dont les conséquences peuvent être fâcheuses pour lui et pour son entourage.

Ce qui touche à l'Âme et à l'Esprit doit être abordé avec une très grande **prudence** car la Justice Divine est particulièrement sévère envers ceux qui pervertissent l'Âme.

C'est pour cela qu'il est recommandé d'acquérir des livres occultes qui traitent de la **Cabale chrétienne** pour avoir accès à la CONNAISSANCE et pour prier.

Jésus est notre Sauveur à tous et seules les prières de la Cabale Chrétienne donnent véritablement accès aux Anges et à Dieu en passant obligatoirement par Jésus.

2. Par la prière

Il ne s'agit pas des petites prières qui ne font que chatouiller les entités de l'Abîme. Ces prières s'adressent directement aux Anges dont fait partie notre Ange gardien.

Les prières adressées aux Anges sont très puissantes. C'est un lien d'Amour extraordinaire qui s'établit entre celui qui prie et l'Ange. Un Amour qui n'existe pas sur terre. La prière est un moment de calme, de bien-être, de recueillement, de sentiment de plénitude. Au fur et à mesure des jours qui passent, le lien devient plus fort, plus intense car l'Ange se rapproche. Puis, peu à peu, celui qui prie a des intuitions, par rêve ou éveillé. Des intuitions très positives ressenties à juste titre comme des conseils de l'Ange qui communique par images.

L'Ange transmet une partie de son énergie au corps éthérique de celui qui prie *(voir « l'évolution des 4 corps » page 24).* Par l'accélération des fréquences vibratoires du corps éthérique et par voie de conséquence par l'accélération des trois autres corps, il dynamise l'ensemble de l'être humain dans sa globalité spirituelle et physique. Cette accélération progressive des fréquences des quatre corps est **LA** protection contre les Forces du mal qui ont des fréquences lentes, basses.

Aucune entité de l'Abîme, aucun piège, aucune maladie ne peut atteindre un humain dont les quatre corps ont des fréquences vibratoires très élevées.

L'Exemple des Exemples, c'est Jésus.
Personne n'a jamais égalé ce qu'il a fait à ce jour.

(« En vérité, en vérité, je vous le dis, vous verrez le ciel ouvert et les Anges de Dieu monter et descendre sur le Fils de l'homme »)
(Jean, chapitre 1, verset 51)

(« Jésus lui dit (à Thomas) : Moi, je suis le chemin, la vérité et la vie. Nul ne vient au Père que par moi »)
(Jean, chapitre 14, verset 6)

(« Ne crois-tu pas que je suis dans le Père et que le Père est en moi ? Les paroles que je vous dis ne viennent pas de moi-même ; le Père, qui demeure en moi, accomplit ses œuvres »)
(Jean, chapitre 14, verset 10 »)

Jésus priait Dieu et c'est Dieu qui ordonnait à ses Anges d'exaucer la prière de Jésus.

Prier les **Anges** c'est prier **Dieu** en passant obligatoirement par son Élu : **Jésus**.

Tout est dit.

DÉVELOPPER SA SPIRITUALITÉ

Savoir se détendre

La vie trépidante du monde actuel est difficile à concilier avec la spiritualité. Toutefois il est possible de profiter du week-end et des vacances pour se décontracter, pour se promener dans la Nature, dans les champs ou mieux encore dans la montagne. Se ressourcer, se détendre, apprécier la bienfaisante chaleur des rayons du soleil, remplir ses poumons d'air pur et ses yeux de belles choses. La nature est si belle… Il est conseillé de laisser de côté tout ce qui stresse, tout ce qui aliène l'esprit : Ordinateur, téléphone portable, tablette, jeu vidéo…

Privilégier les jeux de société qui permettent de passer un moment agréable en famille ou entre amis.

Il n'est pas rare de voir des vacanciers qui, pendant leurs loisirs, continuent à courir en tous sens, à s'imposer des contraintes, des horaires, des journées surchargées pour « en profiter au maximum »…

Bref, ils continuent à fonctionner à 200 à l'heure alors que serait le moment idéal pour se détendre et décompresser ! Ce sont les mêmes qui reviendront chez eux épuisés, mais avec l'intime conviction d'avoir passé d'excellentes vacances !

Savoir se reposer et laisser son esprit s'évader, c'est important.

Le sommeil réparateur est essentiel.

Équilibre et alimentation

Une nourriture saine et équilibrée est conseillée. Du fait que nous savons que les animaux sont, du point de vue de l'évolution, très proches de nous, il est souhaitable d'opter pour un régime végétarien. Essayer d'éliminer totalement la viande, ou tout du moins en limiter considérablement la consommation.

Il faut bien être conscient **qu'un animal souffre pour de multiples raisons avant de mourir.** Conditions de transport parfois dramatiques, stress d'être entassé avec d'autres animaux, terreur de sentir la mort lorsqu'ils parviennent à proximité des abattoirs, conditions d'abattage parfois d'une cruauté inimaginable dont certains reportages nous montrent des images tellement insoutenables que beaucoup préfèrent changer de chaîne. Néanmoins le problème est là. Qu'on le visionne ou pas.

Toutes ces souffrances provoquent un afflux massif de fluides négatifs qui imprègnent fortement la chair de l'animal. Ce sont ces mêmes fluides négatifs qui seront ingérés par les consommateurs. Il s'agit d'une des raisons qui expliquent l'origine des problèmes de toutes sortes (santé et autres) de celles et ceux qui mangent trop de viande animale.

Éviter les excès en général et les sucreries en particulier qui provoquent l'embonpoint et alourdissent également l'esprit.

Il est vital de proscrire le tabac, l'alcool et bien évidemment les drogues de toutes sortes.

C'est la Magie Noire qui a recours à de telles pratiques !

La sexualité

Le moyen incontournable pour développer sa spiritualité est la chasteté. Car l'énergie de chaque être humain est dirigée soit vers le haut (vers la spiritualité) soit vers le bas (vers la sexualité).

La chasteté ne signifie pas l'absence totale de relation sexuelle (sauf pour ceux qui se destinent à la prêtrise). L'harmonie du couple, prioritaire, doit être préservée.

La prière

En fonction de ce qui est écrit dans le chapitre « actions sur le corps mental » (page 200) il faut rester très concentré pendant la prière. Éviter de penser à autre chose. Ce qui aurait pour effet d'affaiblir ou d'anéantir l'effet de la prière.

La méditation

(Voir page suivante)

INTROSPECTION OBJECTIVE (méditation)

L'introspection objective (*) est une opération indispensable pour évoluer, pour prendre conscience de nos faiblesses et de leurs **origines.**

Malgré notre bonne volonté et nos efforts nous commettons TOUS, sans exception, des erreurs. Tous les jours.

Il est donc recommandé de méditer un peu le soir, au calme, pour **récapituler les évènements de la journée**. Nous devons examiner nos pensées, nos sentiments et nos actes. Sans nous culpabiliser, mais simplement dans le but de détecter nos erreurs. Puis, lorsque nous en avons trouvé une, nous devons réfléchir pour :

1. **Rechercher** la cause de l'erreur

2. **Constater** les conséquences de cette erreur

3. **Solutionner** le problème en remplaçant l'aspect négatif que nous aurions dû savoir éviter par le positif qui aurait dû s'imposer naturellement.

Cet exercice est un entraînement salutaire qui permet de se rendre compte de l'état d'esprit dans lequel nous nous trouvons. Toujours sans se culpabiliser. Avons-nous, d'instinct, des réactions majoritairement positives ou négatives ? Pourquoi ?...

Lorsqu'une tierce personne est impliquée dans une situation ou un évènement négatif, la tentation est grande de lui en faire porter l'entière responsabilité. Ce n'est certainement pas de cette manière que l'on peut espérer évoluer positivement et avoir accès à la CONNAISSANCE.

Ce processus est celui de l'Abîme. **Accuser l'autre d'être ce que l'on est soi-même !** C'est tellement facile…

Il faut avoir le courage de se regarder en face pour voir ses bons et ses mauvais côtés. Pour se voir tel que l'on est et non pas tel que l'on PENSE être.

Être ou paraître est un des problèmes majeurs de notre société (voir pages 29 et 37).

(*) *Observation méthodique de nos états de conscience et de notre vie intérieure. Nos pensées, nos désirs et des actes qui en découlent.*

BRISER LE CERCLE
(méditation)

Briser le cercle signifie « se libérer de ses habitudes ».

Si nous observons notre vie objectivement nous constatons que les habitudes, bonnes ou mauvaises, sont très nombreuses et envahissantes.

Elles sont symbolisées par un **cercle** dans lequel nous nous sommes emprisonnés.

- **Travail :** Nous sommes habitués aux mêmes horaires, au même trajet aller-retour pour nous rendre sur notre lieu de travail, à côtoyer les mêmes personnes, à effectuer des actions répétitives, etc.

- **Famille :** Train-train quotidien. Heure du lever, du coucher, emmener et chercher les enfants à l'école, faire les courses, etc.

- **Vacances :** Choix restreint d'années en années, lieux identiques, mêmes activités, très peu de variantes, manque d'imagination, etc.

L'énumération des habitudes les plus fréquentes serait interminable.

Comment y remédier ?

Obligez-vous à modifier vos habitudes. Vous constaterez que ce n'est pas si simple. Du fait des incarnations successives, l'Âme s'est fabriqué son petit univers personnel dans lequel elle s'est installée comme dans un nid douillet. La faire bouger sera parfois difficile. Combattez-la, combattez-vous. Changez de trajet ou de mode de transport, testez de nouveaux itinéraires, de nouveaux lieux de vacances. Le week-end, surprenez-vous. Cherchez (raisonnablement) l'originalité…

Ces différents processus auront pour effet de « briser le cercle », **d'élargir** le champ de vos pensées (**corps mental**), de vos sentiments (**corps astral)** et de vos actions (**corps physique**).

Une vision plus large des choses peut avoir pour effet de **modifier favorablement votre vie en profondeur.** Par la prise de conscience de ce qui nous entoure et des véritables valeurs qui ne sont pas celles des hommes, mais celles de l'univers.

Celles de Dieu.

NETTOYAGE
(prières quotidiennes)

Il s'agit en fait de « vider les poubelles » de nos quatre corps.

Dans la vie courante, pour vivre dans un environnement propre, nous nous débarrassons tous les jours de choses inutiles en les jetant à la poubelle. Elles sont parfois sales ou malodorantes. Certaines, en se décomposant, pourraient poser des problèmes sanitaires en transmettant des maladies. Pour remédier à cela, une collecte des déchets est organisée dans chaque localité. Ceux qui présentent un risque sanitaire sont incinérés.

Il faut procéder de la même manière pour nos quatre corps.

Nous vivons dans un **monde inversé**, diabolique, sale, où tout est mis en œuvre pour **polluer** nos pensées (**corps mental**) et nos sentiments (corps astral).
(Voir les exemples cités dans « Le pouvoir négatif mondial » pages 103 -149).

Même si nous nous en défendons, cette pollution s'introduit en nous insidieusement **TOUS LES JOURS** en utilisant des thèmes ou des sujets auxquels nous sommes sensibles. Elles ont pour but de provoquer en nous des réactions négatives telles que la colère, la haine, la violence, le désespoir, etc. Ce qui donne de l'ascendant à l'Ennemi sur nous.

À notre insu, nous croulons sous l'abondance de ces « déchets » qui représentent un risque sanitaire grave **POUR L'ÂME.** Les êtres de l'Abîme, visibles et invisibles, se **nourrissent** de nos mauvaises pensées, de nos mauvais sentiments et de nos mauvaises actions, si minimes soient-ils.

Le fait de « vider nos poubelles » tous les jours allège notre âme et nous permet de voir clairement les personnes et les situations qui se présentent à nous avec notre propre esprit et non pas sous des influences négatives extérieures.

Nous sommes tous, à des niveaux différents, atteints par cette pollution.

C'est pour cela qu'une opération de nettoyage doit être faite quotidiennement.

Et beaucoup de choses dans votre vie changeront.

COMMENT SE PROTÉGER (prières)

Il est plus facile de détruire que de construire.

Il faut des années pour construire un être humain. Il ne faut qu'un instant pour le détruire.

De la même façon qu'un soldat doit avoir un bouclier pour se défendre, il est nécessaire de se protéger des fluides négatifs. Certains sont extrêmement puissants.

Dans notre monde inversé, c'est-à-dire diabolique, les prières négatives sont légion. Leur provenance et leur puissance sont nombreuses et variées : Sectes, Mages négatifs, sorciers, groupes de prières, particuliers, Cabale négative, Magie des campagnes, Vaudou, etc. Tout cela pollue gravement notre environnement spirituel. Cette pollution, à l'image de celle de notre atmosphère, peut provoquer des gênes ou des maladies de l'Âme de toutes sortes. Il est donc très important de nous protéger de ces ondes négatives qui circulent dans l'invisible 24h sur 24 et 7 jours sur 7.

Comme les ondes radio, wifi, hertziennes, etc.
Ces ondes négatives peuvent provenir de l'entourage familial ou professionnel. Comme il n'existe pas encore d'appareil pour mesurer notre résistance aux ondes négatives ou pour indiquer leur degré de nocivité, il est plus prudent de s'en protéger. **Il ne faut pas avoir peur de ces ondes négatives, mais simplement être conscient qu'elles existent et s'en protéger.** Certaines prières ont le pouvoir de neutraliser les Anges de l'Abîme

Vous pouvez acquérir des livres qui traitent de la Cabale Chrétienne qui expliquent en détail quelles sont les 9 Grandes Épreuves et les 72 épreuves mineures existantes.

Cela vous permet également de prendre conscience de ce que vous devez surmonter dans la présente incarnation en fonction de votre Signe Astrologique et de votre date de naissance.

Si vous lisez ce livre, c'est que vous êtes conscient(e) qu'en vous le Bien et le Mal se livrent un combat permanent. Le fait de SAVOIR contre quoi vous devez vous battre vous rend plus fort(e). Ainsi l'Adversaire ne peut plus vous attaquer par surprise.

PRIER POUR UNE PERSONNE

Il est possible de prier pour une autre personne, pour l'aider, pour la soulager, pour la guérir… En fonction des besoins et des circonstances.

Toutefois, en fonction de ce que nous savons à propos des vies successives, du Karma et de la Loi du Talion, il convient d'agir avec **prudence et circonspection.**

Autant il est louable et charitable de prier pour autrui, autant il faut mesurer la puissance des prières à utiliser… ou pas.

Par exemple, **pratiquer un exorcisme** sur une personne dont l'envoûtement provient d'un karma négatif placera l'imprudent entre le marteau et l'enclume. Car la **Loi du Karma est prioritaire.** Selon l'état d'esprit dans lequel l'exorcisme a été fait ou sollicité, les conséquences seront minimes, moyennes ou sévères.

Prenons deux exemples simples (liste non exhaustive) :

Premier cas, l'exorciste est sincère et il pense pouvoir aider une personne. L'exorcisme agit peu ou pas du tout pour une multitude de raisons. En tout état de cause, la situation est revenue au point de départ environ trois mois après la fin de l'exorcisme. Les conséquences sont minimes de part et d'autre.

Deuxième cas, l'exorciste a été trompé par le bénéficiaire de l'opération qui cherche confusément (au niveau de son âme, qui est perverse) à échapper à son Karma négatif. L'exorciste aura la surprise de découvrir la véritable nature de l'exorcisé. Il verra apparaître le côté négatif de cette personne, la « bête » qui était dissimulée par « l'envoûtement » nécessaire dans cette incarnation. Nécessaire pour mettre en cage la bête, la rendre inoffensive parce que le moment est venu pour cela.

Certains humains « fauves » sont en liberté pour leur laisser une chance de changer par la compréhension des faits, des situations et des évènements. Pour d'autres, le capital de clémence est épuisé et la Sévérité (Justice Divine) entre en action.

Quand la Justice Divine est en marche, elle avance comme un rouleau compresseur et il vaut mieux ne pas se mettre en travers de son chemin !

CONCLUSION

En suivant les conseils énumérés dans la dernière partie du livre intitulée « COMMENT VAINCRE LE MAL », par la prière on peut obtenir pour soi-même une vision exacte des personnes et des évènements. C'est ce que redoute la partie adverse qui ne cesse de mentir et de manipuler les personnes au niveau du corps mental.

Ces prières positives sont utiles pour celle ou celui qui prie, mais également pour son entourage, pour les âmes moins évoluées (les retardataires), pour ceux qui souffrent physiquement et moralement, pour le pays, pour le monde entier, pour les âmes de celles et de ceux qui se sont suicidés et pour les morts d'une manière générale.

La prise de conscience doit être mondiale et c'est pour cela qu'il est important d'attirer les fluides positifs des Bons Anges pour qu'ils se répandent partout et anéantissent les fluides négatifs des entités de l'Abîme.

Les prières adressées aux Anges ne peuvent pas être récupérées pour être transformées en négatif, comme c'est le cas avec certaines prières « tièdes » de certaines religions. Il est donc important de profiter de ce que Jésus a mis à notre disposition depuis plus de deux mille ans : La prière aux Bons Anges, les Messagers de Dieu.

La prière aux Anges est une action extrêmement puissante et c'est pour cela que les serviteurs de l'Abîme tentent de la tourner en dérision. Ils savent que la multiplication de ces prières se concrétisera par LA FIN DE LEUR MONDE.

TABLE DES MATIÈRES

→

→

CHAPITRE 5 :

Achevé d'imprimer par France Quercy, 46090 Mercuès
N° d'impression : 50078 - Dépôt légal : janvier 2015

Imprimé en France